生命，因閱讀而大好

給不小心就會太焦慮的你

摘下「窮忙濾鏡」×擺脫「不安迴圈」，找回自己的人生

水島廣子——著
楊詠婷——譯

焦りグセがなくなる本

日本Amazon讀者好評

我有嚴重的「習慣性焦慮」，每天都過得緊張萬分，完全沒有喘息的空間。在身心都快撐不下去時，我遇見了這本書。作者告訴我：不要為未來憂慮，不要浪費時間煩惱還沒發生的事，應該把眼光「放在當下」。遇到了不好的事時，首先要做的不是檢討或責備，而是「安慰自己」……我被這句話震驚到了，人生真的很短，真正屬於自己的時間更是稀少，如果連我們都不珍惜自己和時間，那誰來替我們珍惜？就算可能困難重重，但我決定以後一定要留出屬於自己的時間，同時也要更珍惜自己，別活在焦慮和恐懼當中。

我想，世上大概沒有人比我更了解「習慣性焦慮」的恐怖了。我曾經為了專心工作，斷絕所有朋友關係，每天只睡兩小時，結果短短一個月就得了憂鬱症。然後，還在試用期間被公司拋棄，人生陷入絕望……如果當時能遇到這本書，我一定會做出不一樣的選擇吧！讀完這本書之後，我開始每天花一點時間看推理小說，努力療癒自己。因為我忽然想起，自己已經很久沒有讀與工作無關的書了。真的，就算只有五分鐘也好，每天給自己一段放鬆的時間，對療癒身心有很大的幫助。

明明是既明顯又簡單的問題，但是在看這本書以前，我竟然完全沒發現。回過頭想想，生活中真的有很多是「自以為應該」做的事，而不是真正「需要」及「想要」做的事……為什麼之前沒有發現呢？也是直到這時，我才知道原來自己是隱形的完美主義者，對自己有很多不切實際的要求及期望，難怪總是活得好艱辛。之後，我要努力學習「浪費」時間，花更多心思和時間在自己身上。

逛書店時偶然看到這本書。作者說，人的焦慮通常來自於不安，很多其實不需要做的事，只是因為別人都在做，就陷入「自己也不得不做」的強迫觀念。這段話完全說到我的心坎，真的是這樣！因為覺得這個必須做、那個也必須做，導致壓力太大，以致逃避現實去做完全不相干的事，最後又因為什麼都沒做，而陷入極端自責，每天活在痛苦中。以前為了解決這個問題，我在圖書館讀了一堆書，結果不但沒有改善，反而讓自己更焦慮。直到遇見這本書，我才知道，累了只要專心休息就好（明明是廢話，我卻一直沒做到）；驚訝的是——原來「浪費時間」也是有用的。看完本書之後，我發現自己需要的不是責備和逼迫，而是去做「應該」的斷捨離！知道自己被允許放鬆，忽然覺得好幸福啊！

真希望能早點遇到這本書……我現在已經年近三十，在讀高中時就一直有「習慣性焦慮」的問題，只要壓力一大，就會暴飲暴食。許多有飲食障礙的人，可能是像書中所說——戴上「窮忙濾鏡」了！我原本是在圖書館看到這本書，但因為實在寫得太好了，最後忍不住自己去買了一本。

和這本書相遇已經一年，雖然還沒完全解決掉焦慮的狀況，但我慢慢地從生活中看到了「自己所做到的事」和「成就感」，然後發現，過去那些無法認同自己的日子，真的好讓人悲傷。

在現今這個社會，一定有很多人為「習慣性焦慮」所苦，我希望這些朋友都能來看看這本書，重新找回人生中久違的放鬆及自在。

我的問題是：只要情況一變得緊急，就會完全無法集中精神，甚至因此逃避或無視，這對我的工作及人生都有很大的影響。直到看了這本書，我才知道原來那是焦慮造成的。作者給的建議和方法看似簡單，其實效果十分驚人，而我也因此減輕了焦慮。這是本非常棒的好書，如果你容易焦慮、有拖延症或是喜歡逃避，一定要來讀讀看。

我是心理諮商師，在治療有憂鬱症傾向的患者時，這本書是我的推薦選書，無論在減輕焦慮或自我否定的部分，都有非常良好的效果。

如果戴上「窮忙濾鏡」，每件事都會讓人十分焦慮。但是，正在執著的事，真的都非做不可嗎？當我這麼問自己，突然發現「好像不是這樣」……作者說，要讓人生健康快樂，必須要留一些「用來浪費的時間」。我從來沒有用這種角度思考過，心裡受到很大的衝擊。衝擊過後，整個人都放鬆了！真的很奇妙。

前言

・老是覺得「時間不夠用」。
・總是害怕自己趕不上期限。
・時時刻刻逼迫自己，卻還是陷入「事情無法結束」、「感覺永遠忙不完」的焦慮。
・因為太忙碌，沒時間整理桌面，導致工作環境亂七八糟，焦慮感倍增。
・擔心無法完成工作，不敢在私人生活中安排任何活動。
・覺得自己想做的事都沒有做，白白浪費光陰。

相信不少人都因為這些狀況而煩惱。本書就是為了這些人所寫的。

實際上到底有多忙碌，感受因人而異。

有些人會好奇：「明明其他人也很忙碌，卻總是看起來游刃有餘。為什麼會這樣呢？」

由此可知，「實際的忙碌程度」與「焦慮的程度」，雖然不能說是完全沒有關聯，但卻是完全不同的東西。

本書主要想探討——無論實際上是否忙碌，都會陷入「習慣性焦慮」這種「一下子就變得焦慮」的心理狀態。

我的身分是精神科醫師，專業是「治療人的內心」，即使平常覺得自己很忙，但絕對不是時間管理的專家。

再加上坊間已經有許多關於「時間管理技巧」的書籍，因此，這部分我打算交給那方面的專家。

那麼，我為什麼要寫這本書呢？

這是因為，就像我在前面提過的——「實際的忙碌程度」與「焦慮的程度」，基本上是完全不同的東西。

所以，本書想針對後者做詳細的探討。

因為那是一種「心靈上的弱點」，與其加強時間管理的技巧，更需要解決心態上的問題。

有些人明明不怎麼忙，卻總是焦慮萬分、手忙腳亂。

有些人忙得不得了，卻看起來輕輕鬆鬆、游刃有餘。

他們之間到底有哪裡不同？

在本書的文章裡，我將會從各種角度去分析兩者的差異。「習慣性焦慮」所導致的「窮忙」，不僅僅是影響情緒，甚至會摧毀整個人生。

心態健康的人，不但生活地輕鬆自在，在時間的運用上也更有效率。也就是說，他們總是能輕鬆自在地做自己想做的事。

但是，有「習慣性焦慮」的人，即使過著相同的人生，卻一直像是被什麼東西逼迫似地，只能不斷懊惱：「為什麼自己總是這麼笨，做事抓不到要領呢？」

即使有想做的事，也總是做不成，甚至光應付每天忙亂的狀況，就已經精疲力盡，連「自己想做什麼」都沒有時間思考。

看到游刃有餘的人，還會又嫉妒又羨慕地想著：「要不是我的事情那麼多，我也做得到……」

這兩者的差異，對人生的本質造成極大的不同。

此外，前面曾經提過關於「時間管理」的書籍，當「習慣性焦慮」的人翻閱這類書籍尋找解決辦法時，可能不但沒有幫助，甚至還會加深焦慮。畢竟閱讀本身需要花時間，還會讓人產生「必須照著做」的壓力，導致焦慮變本加厲。

由於一切的根源都出自於「習慣性焦慮」，因此，如果不率先處理這個問題，就算學習再多時間管理的技巧，也只是徒增自己的負擔。

「習慣性焦慮」不只折磨自己，還會對人際關係造成很大的影響。因為太過焦慮，所以無暇顧及他人，連周遭的人都遭到池魚之殃，或是被自己焦躁的情緒所遷怒。

如同某些有「職權騷擾」習慣的上司，可能就是因為「習慣性焦慮」，造成了他們情緒上的問題。

即使沒那麼嚴重，「習慣性焦慮」的人也很難讓人感到平靜、溫和。

不過，「習慣性焦慮」是可以治癒的，本書會為大家提供解決的方法。

有些方法可以立刻開始，有些則需要努力練習、反覆嘗試，直到它成為固定的習慣。

光是察覺自己可能是「習慣性焦慮」，了解如影隨形的焦慮感並非「無法解決」，而是可以改善的問題，原本焦躁的內心或許就能稍微輕鬆一點。

本書將帶各位探討「習慣性焦慮」的真面目，並且從根源解決問題。

畢竟，如果單純解決表面上的「焦慮」，只會讓問題變得更加嚴重，焦慮的程度也會與日俱增。

只要明白「習慣性焦慮」的機制，並追溯真正的根源，就能用自己的方式解決它。

從這個角度來說，本書所解決的不只是「習慣性焦慮」這個問題，甚至可以說是重新幫自己打造了未來的人生。

被「習慣性焦慮」所控制的人生，只會讓人充滿「無力感」，本書能幫你重新拿回「人生的主導權」，過著從前無法想像的自在生活。

每個人都能成為自己人生的主角。

當然，閱讀本書需要時間。「習慣性焦慮」的人，很可能會產生「自己哪有時間讀這種書」的焦慮感。

但是，書中也有提到，就算每天只花十分鐘也好，請一定要「擠出」一點時間閱讀本書，像是「就寢前的時間」就好。

沒有必要逼自己一口氣看完。

你現在花費在這本書上的時間，以後一定會作為「人生的餘裕」，回饋到自己身上。

此外，有些「習慣性焦慮」已經到不可自拔地步的人，可能會覺得本書只是在說「風涼話」，根本一點用處也沒有。

如果你是這樣的人，請記住還有本書的存在，在日後的某一天，屬於你的日子到來時，請再給本書一次機會。

希望每位拿起這本書的人，都能獲得自己想要的人生，過著隨性自在的每一天。

目錄

CONTENTS

CHAPTER 3

「調整節奏」，成為「不焦慮的人」

判斷事情的優先順序，重新掌握主導權。

CHAPTER 4

丟掉多餘的東西，不再為焦慮所苦

分辨「應該做」和「想要做」，執行「斷捨離」法！

CHAPTER 5

預防「習慣性焦慮」的生活習慣

重新審視生活習慣，阻止焦慮情緒持續惡化！

CHAPTER 6

不焦慮的人的「時間術」

越積極就越焦慮，適時地休息吧！

CHAPTER 1

為什麼「不自覺就會變得焦慮」？

從焦慮情緒裡找出原因，接受不安的衝擊！

「如果○○的話該怎麼辦」的擔憂，
乍看之下似乎是「自己主動的思考」，
事實上，只是腦中不由自主出現的強迫意念。

1 陷入焦慮狀態時的大腦

即使擁有同樣的時間、同等的工作量，有的人可以不慌不忙、完成得井井有條，有的人卻總是手忙腳亂，焦慮地抱怨：

「這個必須做，那個也必須做！」

「這個沒完成，那個也沒完成！」

最後什麼事都沒進展，一切就結束了。

不慌不忙且順利完成工作的人，與總是焦慮萬分、工作效率不佳的人，他們到底哪裡不一樣？

這一章就針對「不由自主變得焦慮」的心理狀態來做探討。

回到最初的問題，為什麼會感到焦慮呢？

當然是因為覺得「沒有時間」。

而且，這還不只是「感覺」而已，習慣性焦慮的人是真的沒有時間。

或許有人會覺得「他們明明什麼都沒有做，只是一直在焦慮而已」，不過，他們並不是真的「什麼都沒有做」。

沒有時間的原因① 煩惱

那麼，他們到底做了什麼呢？那就是不停地在煩惱——

「這個必須做，那個也必須做。」

「這個沒完成，那個也沒完成。」

習慣性焦慮的人，經常把大量的時間及能量，花費在各種煩惱上，導致他們沒辦法去做本來應該要做的事。

沒有時間的原因② 逃避

像這樣「這個必須做，那個也必須做」、「這個沒完成，那個也沒完成」的思考方式，本來就會引發人的不安及焦慮。

在這種情況下，很多人會莫名其妙地浪費時間，去做一些沒有意義的事。因為，當人感到不安及焦慮時，便會本能地逃避，忍不住把時間花在能轉移注意力，或是減輕壓力的事情上。

因此，越是忙碌的時候，焦慮的人就越沒有能力處理正事，甚至還會花費大量時間去做一些無關緊要的事，這種逃避的情況自然就不難理解了。

安心處方箋

越是焦慮，就越想要逃避——這是自然的反應。

2 「窮忙濾鏡」造成「習慣性焦慮」

「這個必須做，那個也必須做。」
「這個沒完成，那個也沒完成。」
要是整天都在煩惱這些事，就算什麼都沒做，也會消耗掉非常多能量，更不用說真正開始行動時，也會受到這種思考方式的影響。

例

因為一直忙著加班，沒時間去處理生活上的瑣事，結果忘了跟銀行申請更新地址，導致沒收到提款卡；也經常弄丟瓦斯及電費之類的繳費單，家裡差點斷水斷電；或是宅配送到家裡沒人收，又忘記聯絡快遞再次送貨，最後被取消訂單……雖然知道這些事都很重要，但因為想起來就覺得焦慮，結果便一直往後拖延。

大家是不是也曾經這樣——因為太焦慮，結果什麼事都沒做好？

明明都是簡單的小事，不過就是打一通電話，或是花幾分鐘上網填資料就能解決的狀況。每個人都會遇到，生活中也經常在處理。

不過，還是有人會一拖再拖，導致生活變得一團糟；況且，即使真的很忙，也不至於連打一通電話的時間都沒有。但究竟是為什麼，這些人總是把事情搞砸呢？

因為，他們是透過「我很忙」這樣的「窮忙濾鏡」，來看現實的狀況。

什麼是「窮忙濾鏡」？

就是帶著「這個必須做，那個也必須做」、「這個沒完成，那個也沒完成」的負面眼光去看待事物的狀態。

舉例來說，如果待會要洗衣服，一般人只會想著「那就準備來洗衣服吧」；但是戴著「窮忙濾鏡」的人，卻會在洗衣服之前，情緒就陷入焦慮。

「等等，我的盤子還沒洗！」

「啊，我的衛生紙也不夠用了！」

明明只要花幾分鐘就能解決的事情，一旦透過「這個必須做，那個也必須做」、「這個沒完成，那個也沒完成」的「窮忙濾鏡」，來看待這些未完成的事情，就會陷入「忙不過來」的恐慌。

安心處方箋

之所以會焦慮，是因為覺得「很多事情還沒做」。

3 「窮忙濾鏡」的恐怖之處

「窮忙濾鏡」是非常可怕的東西。再簡單、再好解決的事，只要透過它，都會變成「這個必須做，那個也必須做」、「這個沒完成，那個也沒完成」。

如此一來，人就會開始驚慌：

「我現在哪有時間做這種事？」

「為什麼連這種小事都必須處理？」

接著，「忙不過來」的壓力便會不斷膨脹，使焦慮感倍增。

也就是說，「窮忙濾鏡」在「實際的忙碌程度」與「主觀的忙碌程度」之間，製造了非常大的落差。

相反地，沒有「窮忙濾鏡」的人，即使眼前的事情再多，也都能平心靜氣地把事情一一完成。

就算整體看起來非常困難，他們也能按部就班地解決，享受「工作完成」的成就感，即便有新的任務中途插進來，不僅不會陷入恐慌，還能冷靜地思考優先順序。

一旦戴上了「窮忙濾鏡」，就會一直被「忙不過來」、「沒有時間」的急迫感窮追不捨，無法感受到工作完成的成就感。

當他們好不容易完成一件事，也無法產生「結束了」、「終於完成了」的欣喜，因為他們的目光還放在「沒做完的事」上面。

他們太在意「未完成清單」，所以如果多了新的事情要做，他們不但無法冷靜地思考事情的難易程度，甚至認為「我都忙不過來了，為什麼又丟給我？」因此產生憤怒。

像這種凡事都戴上「窮忙濾鏡」的狀態，就是在〈前言〉中所提到的「習慣性焦慮」造成的問題。

當「習慣性焦慮」越惡化，人的思緒就會被困在「這個必須做，那個也必須做」、「這個沒完成，那個也沒完成」的想像當中，真正應該做什麼也不重要了，因為他們已經完全視而不見。

這麼一來，便是陷入了「停止思考」的狀態。

也就是說，他們無法思考「現在應該做什麼」、「需要花費多少時間」，以及「現在做會比較輕鬆」、「放在後面做會比較好」等等的問題，腦袋陷入一片空白，只是本能地不斷抗拒「不可能！我做不到！」

想要擺脫「習慣性焦慮」，就必須先摘下「窮忙濾鏡」。

本書就是要教大家如何摘下自己的「窮忙濾鏡」。

當然，不是摘下「窮忙濾鏡」，就能讓自己不再忙碌。摘下「窮忙濾鏡」，只是為了讓大家正確地掌握「現實中忙碌的狀況」，並不能擺脫「自己必須要做的事」。

不過，摘下「窮忙濾鏡」之後，就有能力判斷「自己真的必須做這個嗎？」、「自己真的想做這個嗎？」諸如此類的問題。從現實的角度來看，確實也有機會可以減少一點「必須要做的事」，降低實際上的忙碌程度。

安心處方箋

「窮忙濾鏡」將導致我們停止思考。

4 焦慮的理由①衝擊

大多數的人都是在不自覺的狀況下產生「習慣性焦慮」，某些人則是會在特定的情境中觸發「習慣性焦慮」。

比如被別人指責不夠好、閱讀自我啟發的書籍、參加講座後，開始感受到「自己這樣下去不行」，抑或是看到同事、同年紀的人比自己做得更好，因此受到了「衝擊」。

當人突然受到衝擊，身心都會出現具明顯的徵狀。

首先，衝擊會傷害到人的內心，自我防衛的能力將會帶我們進入「不想再受傷」的防禦模式。

不想再受到衝擊的原因是什麼？

人之所以會受到衝擊，是因為感覺到「自己有不足的地方」。

世界上沒有完美的人，因此，若想找出「不足之處」，就隨時都能找到。

如果身上一直留著「不足之處」，就很可能會讓自己再次受到衝擊，所以人總是想盡辦法減少自己的「不足」。

這麼一來，便會產生「這個必須做，那個也必須做」、「這個沒完成，那個也沒完成」的感覺。

比如說，當聽到好友考到某個證照時，自己受到了衝擊，這個衝擊使人們開始找尋身上的「不足」，挑剔「沒有證照」的自己。

一味焦慮地想著「我需要一個證照」，卻沒有冷靜地想過自己是否真的需要那個證照，又或者目前是否適合去考那個證照。

也就是說，衝擊讓人戴上了「窮忙濾鏡」。

不過，當人處在「這個必須做，那個也必須做」、「這個沒完成，那個也沒完成」的壓力當中，就會淡化別人「跑在自己前面」所帶來的衝擊。

從這個角度來說，「窮忙濾鏡」就像是一種自我防衛的工具。

但是，關鍵在於，它真的能完全保護自己嗎？

就像前面所提到的──「習慣性焦慮」會侵蝕每個人的生活。

當一個人時時刻刻處在緊張之中，能量將不斷被消耗。

為什麼原本保護我們的「窮忙濾鏡」，最後卻會毀掉我們？

這是因為，從衝擊中產生的「窮忙濾鏡」，應該要隨著「漸漸恢復冷靜」，一起被拋在腦後才對。

就像前述的例子，即使「因為朋友考上證照而受到衝擊」↓「戴上窮忙濾鏡」↓暫時產生「自己也必須考取證照」的想法；之後也應該隨著「自己漸漸恢復冷靜」↓「摘下窮忙濾鏡」↓「開始做現在能做的事」，進而回歸到正常的生活。

所以，當一個人隨時都戴著「窮忙濾鏡」時，就代表他一直生活在受到衝擊的狀態裡，充滿緊張及防衛意識。明明現在正過著「正常」的生活，卻只有他一直活在不安焦慮的狀態中，白白受了很多沒有必要的苦。

例

不過，有時候「衝擊」不一定是他人帶來的，比如下面這個例子。

之前不斷忙著工作，以事業為優先，直到四十歲，工作已經穩定下來，自己也獲得了一定的地位，卻開始覺得「只有工作的人生」太無趣了。看到別人培養了嗜好，也經常與好朋友相聚，每天都很開心的樣子，便害怕自己的人生是不是就這樣結束了，感到非常焦慮。

這個例子中的人，看起來似乎沒有「習慣性焦慮」的問題，對工作也抱著一定的成就感。

他之所以開始對「只有工作的人生感到無趣」，只是被「自己已經四十歲」這個事實打擊到了。

四十歲是個很難定義的年紀，讓人感覺到達了人生的折返點；已經擁有家庭的人，更會覺得這是「人生最後的機會」。

在四十歲之前，大部分的人都不太會去思考未來，只是一直努力地想著「如何成長」，直到四十歲這個關卡，身體開始出現各種老化的徵兆，才突然思考起「剩下的人生」。也因為如此，當一個一直把重心放在工作上的人，發現自己已經四十歲了，才會受到那麼大的衝擊。

然後，針對自己的「找碴行動」就開始了。

「找碴行動」通常會以「和別人較勁」的形式出現，所以範例中的人才會苦惱「別人培養了嗜好，也經常與好朋友相聚，每天都很開心的樣子」，而自己卻過著無趣的生活。

當然，如果想在四十歲以後，展開截然不同的充實人生，這完全沒有問題；或者想要重新思考自己的工作方式，也是非常好的行為。

但是，有一件事須特別注意。

那就是——當人處在衝擊中，並開始尋找自己的「不足之處」時，難免會過度放大自己的「缺點」。

因此，最好等衝擊消退之後，再來重新思考自己的人生也不遲。

以前述的例子來說，或許回到日常重新檢視，會發現之前的生活方式最適合自己，也很享受以工作為重心的人生，而自己其實一直過得很幸福。

安心處方箋

確認自己是不是受到了某種衝擊。

5 焦慮的理由②不安

前面曾經提過，衝擊會製造「窮忙濾鏡」。不過，還有另一種東西會讓自己比實際上更忙碌、更焦慮，那就是「不安」。

接下來，將針對不安來做探討。

例

每次都因為工作進度而焦慮、痛苦，總是害怕「趕不上期限」或是「做出來的成果品質不佳」，導致自己被不安壓垮，什麼事都做不了。

面對有「期限要求」的工作，有人可以泰然處之，當成「工作的必要事項」，或是乾脆「努力提前完成」；但有人卻會處在「時間可能來不及」，或「成果可能達不到要求」的不安當中。他們之間的差別到底是什麼？

這裡，我們先來徹底分析「不安」這種情緒。

首先要知道——人類所擁有的任何情緒，都是因為保護我們而存在。人的情緒就像是身體的知覺，當我們摸到滾燙的東西，會避免燙傷而縮手，如果失去了這種知覺，就無法保護自己的身體。

假如「知覺」是在告訴我們「這個狀況對身體有何影響」，那麼，「情緒」則是在對我們說明「這個狀況對自己的心有何影響」。

因此，「不安」就像一個反射行為，提醒我們目前「不能確保安全」。

當人感到不安時，會開始謹言慎行、處處小心，因為「自己的安全沒有受到保障」。

從這個角度來思考，一直處在不安當中的人，會覺得生活中「所有事物的安全都沒有受到保障」。

確實，工作是缺乏保障的。畢竟「能不能趕上期限」是未來的事。人不可能預測未來將發生的事情，因此無論做好多少準備，也無法百分之百確保安全。

原本「未來」就充滿著「不確定因素」，要是再加上前面提過的「窮忙濾鏡」，只會讓自己陷入無窮無盡的不安當中。

當焦慮的狀況發生時，我們需要一個清醒的認知——「不可能擺脫『未來』引起的不安」。

當人困在「如果〇〇的話該怎麼辦」的擔憂裡，就無法過著屬於自己的人生。

「如果〇〇的話該怎麼辦」的擔憂，乍看之下似乎是「自己主動的思考」，事實上，只是腦中不由自主出現的強迫意念。

「突然冒出不安的想法」這是誰都曾經有過的經驗吧？

每當遇到這種狀況，我們必須要安慰自己「不會吧，應該不會這樣」、「就算這樣，應該也有辦法解決」、「一直擔心，是很難活下去的」，或者讓自己提前做好準備，比如「事先找人商量，避免到時發生這樣的事」。

其實，我們只需要負責「不會吧，應該不會這樣」，或是「事先找人商量，避免到時發生這樣的事」的「主動思考」；然而，「突然冒出來的不安想法」就不是我們的責任了。

因此，當我們擔憂「如果趕不上期限的話怎麼辦」，就要負起責任，制定「提早一週完成的時間表」，或是「拜託下屬幫忙」等等的計畫，如果真的有必要，也可以事先做好「如果真的來不及，只能到時再說了」、「我可以靠別的工作挽回」的心理準備。

當然，「不安」不會完全消失，尤其當你踏入某個未知領域的工作，那就更是如此。

我們永遠不可能擺脫「未來」引起的不安，若是再透過「窮忙濾鏡」來看待事情，只會感受到比實際更強烈的焦慮。

許多工作量過大、為期限壓力所苦的人，大多是因為「無法把工作交給別人」。有時是完美主義作祟，擔心「把工作交給別人，最後會不會發生問題」，有時是太在意他人的眼光，害怕「交給別人，會不會產生負面的評價」。無論哪一種，都是困在「如果〇〇的話該怎麼辦」的不安裡。

而這些煩惱，也都是未知事物引起的不安，所以是正常的反應。

將工作交給別人的時候，盡量交代得簡單、清楚，同時心懷感謝；做好自己能做的事，其他就交給上天吧！

安心處方箋

盡力做好準備，其他就交給上天。

6 如何擁有不焦慮的人生

假設是同樣的忙碌程度，有人可以從中找到成就感，精力充沛地完成工作；「習慣性焦慮」的人則經常處在不安當中，做事總是拖拖拉拉。

「習慣性焦慮」的本質，就是懷著「如果來不及的話該怎麼辦」、「如果趕不上進度的話該怎麼辦」的不安。

我們在前面的例子見識到——這種不安會讓人的腦袋不停地運轉，覺得必須做點什麼才行。

同時，「習慣性焦慮」的人還有另一種特徵。

那就是「感覺被逼迫」的受害者意識。

用受害者意識來形容，聽起來可能有點誇張。

但為什麼還要這麼說呢？

因為，他們總是感覺自己「被迫」做出與「期望」不同的事。像是：

「我本來想做得更仔細一點……」

「我本來想每個步驟都做得更好……」

「我本來想過著更輕鬆自在的人生……」

這樣的受害者意識，不但會加深「習慣性焦慮」，還會讓狀況陷入惡性循環。

舉例來說，因為「總是很焦慮」，所以桌子亂成一團。

桌子亂成一團

↓

現在根本沒有時間整理桌子！（習慣性焦慮）

↓

我不想在這麼髒亂的地方工作，卻不得不待在這裡！（受害者意識）

↓

因為太過焦躁，導致工作效率降低

→ 結果變得更焦慮

就像這樣，整個人的狀況陷入膠著。

相反地，如果是「自己想去做」，並主動擔起處理事務的主導權，就可以擺脫這種惡性循環。

甚至會冷靜地思考：「雖然既忙碌又焦慮，但還是花一點時間整理桌子吧！這樣心情會改善許多，也能提高工作效率。」

或者，也可以乾脆地告訴自己：「不管怎樣，先以完成工作為優先」，如此就不會產生「被迫在髒亂的地方工作」的受害者意識，而能把注意力集中在工作本身，進而提高效率。

從這個角度來看，有「習慣性焦慮」的人，基本上不能算是自己人生的主人。

安心處方箋

自己的人生，要自己掌控。

7 懂得調整節奏

例

為期半年的大型專案終於結束了！但是，如果不趕快開始執行另一項計畫，很可能就會來不及，真的讓人很焦慮。其他同事都已經回家了，只有自己沒辦法離開公司，腦子裡好像永遠有工作在催促，實在很痛苦。

「習慣性焦慮」的最後一個特徵，就是做事無法「調整節奏」。因為他們已經習慣煩惱「這個必須做，那個也必須做」、「這個沒完成，那個也沒完成」，所以很難掌握「現在是盡全力的時候」、「現在是放鬆的時候」這樣的節奏。

當然，透過「窮忙濾鏡」看待事情，所有的事情都會變成「這個必須做，那個也必須做」、「這個沒完成，那個也沒完成」的狀況，自然很難找到放鬆的時機。

但是，有一個非常重要、也絕對不能忘記的概念，那就是「持續性」和「效率性」。

人類不可能二十四小時、三百六十五天都在工作。也就是說，我們無法不眠不休地「持續」工作下去。

如果沒有適當的休息來恢復精力，工作效率就會降低。

因此，為了讓自己可以發揮最大的效率，並活得舒服自在，就需要努力地「調整節奏」。

只有這樣才能擺脫「被逼迫的意識」，成為自己人生的主人。

如果不懂得調整節奏，只是不斷地拉長工作時間，反而會降低工作效率，最後就必須用更長的工時，來彌補低落的效率，再次陷入「這個必須做，那個也必須做」、「這個沒完成，那個也沒完成」的焦慮情緒——一旦陷入這種惡性循環，甚至很可能因此罹患憂鬱症。

「這個必須做，那個也必須做」、「這個沒完成，那個也沒完成」的焦慮感，會讓人即使處在休息時間，內心也無法休息。

因為過勞而罹患憂鬱症的人非常多，明明工作量已經多到忙不過來，在真正應該休息的時候，卻還是逼迫自己工作，處在比過勞更嚴重的情況下。

當然，如果能減少實際的工作量，是最理想的狀態。不過，就算真的無法調整工作量，只要停止「這個必須做，那個也必須做」、「這個沒完成，那個也沒完成」的思考，讓自己「只需要」專心工作，也可以減少身上極大的負擔。

此外，前面也有提到，只要摘下「這個必須做，那個也必須做」、「這個沒完成，那個也沒完成」的「窮忙濾鏡」，就會發現有些事不做也無所謂，或者可以採取「拜託別人幫忙」、「等到最後再一起處理」的行動，間接減輕實際上的工作量。關於如何「調整節奏」，第三章會再詳述。

安心處方箋

休息時不要思考多餘的事，就專心地休息吧！

8 接受過度焦慮的人生，繼續往前走

「習慣性焦慮」會擾亂我們的人生。

一件事才剛結束，另一件又來了。在每件事的間隔中，又夾雜著「這個必須做，那個也必須做」、「這個沒完成，那個也沒完成」的急迫感。

然後，每天都手忙腳亂，被「忙不過來」的焦躁感追著跑，糊里糊塗地到達人生終點，真的很令人悲哀。

你希望自己如天竺鼠一般，只是不停地轉著滾輪，每日忙碌奔走，最後一事無成而結束人生嗎？

還是在耀眼的陽光下，用自己的步調，偶爾悠閒漫步，偶爾帶著適度的緊張感，走完人生的道路？

這兩個看似極端的選擇，全取決於你怎麼看待自己的「焦慮」。

當我們的生活中充滿「忙不過來」的焦慮時，會誤以為「人生就是這樣」，不知道「其實還有另一種選擇」。

即使知道有人能夠活得既優雅又自在，也會認為「他們和自己是不同世界的人」，不是非常有錢，就是蒙受上天寵愛；相反地，自己是一個不求上進的失敗者。

有人甚至會覺得：想要擺脫這種永無止境的忙碌，得放棄自己的人生才行，否則就會一直處在「只要稍微鬆懈，就會變成失敗者」的恐懼當中。

即使身旁的人勸他們「不必忙成這樣」，他們也會反駁「我現在根本沒有資格停下來休息」。

每個人都在這個世界裡享受生命，度過一定的歲月，最後結束人生。

雖然，與生俱來的能力，以及生長環境都各有差異。

但是，只有自己能決定人生的品質。

的確，一個擁有優秀的頭腦、優越的成長環境，又被父母深愛的人，相較於一個境遇完全相反的人，他們人生的「品質」或許會很不一樣。

不過，「即使擁有一切，任何物質慾望都能隨時被滿足，金錢也富裕地令人羨慕，但本人卻時常處在極端的焦慮當中，在巨大的壓力下，勉力地支撐所有的事情」，與「雖然從世俗的角度看來並不富裕，卻可以依照自己的步調自在生活，感受人生的喜悅及恩惠，在需要的時候努力奮鬥，不需要的時候就悠閒度日」，這兩種人生，哪一種才是真正的富裕呢？

比起真正的「忙碌」，大部分造成「焦慮」的原因，都是「這個必須做，那個也必須做」、「這個沒完成，那個也沒完成」的「習慣性焦慮」。

也就是說，即使處在相同的環境，我們依然擁有「另一種選擇」，讓自己從「習慣性焦慮」中解放——這個認知非常重要，甚至可以說，所有的一切都將從這裡開始。

安心處方箋

我們可以選擇不焦慮的人生。

CHAPTER 2

即刻從「焦慮」中重獲自由

改變看待事情的角度，專注於「當下」吧。

一旦出現「生活裡的雜事堆積如山，
彷彿永遠都做不完」的感覺，
就要試著提醒自己，
是不是又戴上「窮忙濾鏡」，
增加了不必要的壓力。

1 摘下「窮忙濾鏡」的瞬間

「窮忙濾鏡」會製造「習慣性焦慮」。但是，有一個非常有效的方法，可以立刻摘下這個「濾鏡」。

那就是「專注於當下」。

回頭想想，不管是誰，應該都曾經有過「因為太專心而忘我」的經驗。在那段時間裡，心靈是透澈的，腦中完全沒有多餘的想法，只是一心一意地專注於眼前的事。

也就是說，當人的注意力完全集中，腦中就不再有「這個必須做，那個也必須做」、「這個沒完成，那個也沒完成」的焦慮，可以說是摘下「窮忙濾鏡」了。

其實，「窮忙濾鏡」並不是想摘下就能摘下的東西。

如果「窮忙濾鏡」這麼容易就能丟棄，一開始就不會陷入「習慣性焦慮」的狀況。

許多讀者認為，一旦摘下了「窮忙濾鏡」，自己很可能就會活不下去，所以反而刻意地「不讓自己摘下濾鏡」。這個部分會在後面的篇章詳細說明，這裡需要大家知道的是——許多有「習慣性焦慮」的人，他們會認定「如果不時常逼迫自己，最後就會來不及」。

這種思維非常地頑固，不是那麼容易就能放下，即使自己想要摘下「窮忙濾鏡」，內心也會莫名地抗拒。

因此，與其花費心力糾結著如摘下「窮忙濾鏡」，還不如努力「專注於當下」，反而更有效果。

除了眼前要做的事，其他的事都不要想。

專心致志地一步步完成當下的工作。

不去考慮「會不會順利」、「能不能成功」。

像這樣將注意力集中在「當下」，不只能在忙亂的時刻摘下「窮忙濾鏡」，同時還能減輕「窮忙濾鏡」的影響。

安心處方箋

專注於眼前要做的事。

2 不斷累積「專注於當下」的時刻

談到「窮忙濾鏡」，就必須從「短期性」和「長期性」這兩方面來深入探討。

當注意力集中在「當下」的時候，所有人都能摘下「窮忙濾鏡」，然而一旦注意力消退，「濾鏡」就會再次回來。如果能時時刻刻都「專注於當下」當然最理想，但現實卻沒有那麼容易。

假設除了「專注於當下」的時間之外，其他時候仍然無法摘下「窮忙濾鏡」，那麼，有一個方法可以幫忙減輕「窮忙濾鏡」的影響。

第一章曾經提過，當「濾鏡」的影響過深，就會讓人陷入「這個必須做，那個也必須做」、「這個沒完成，那個也沒完成」的焦慮當中；不過，就算暫時摘不掉「濾鏡」，也有辦法減輕它帶來的影響。什麼辦法呢？同樣是「專注於當下」。

會這麼說，是因為「專注於當下」可以降低「忙亂感」。

「忙亂感」是一種覺得「自己現在事情非常多」的急迫狀態，若是再透過「窮忙濾鏡」，會讓人感受到比實際更強烈的「忙亂感」，徒然加劇自己的焦慮。但是，如果不斷累積「專注於當下」的時刻——

【效果①】事情能處理得更有效率，減輕實際上的忙碌狀況。

【效果②】不再思考多餘的事，減輕不必要的「忙亂感」。

只要「忙亂感」不再這麼強烈，就能大大減輕「這個必須做，那個也必須做」、「這個沒完成，那個也沒完成」的壓力，讓「窮忙濾鏡」的影響降至最低。當「窮忙濾鏡」發揮不了作用時，即使不摘下它，我們也不會受到太多影響——就像度數低的眼鏡一樣，很容易就能摘下。

就像這樣，「專注於當下」不但可以幫助我們一次次摘下「窮忙濾鏡」，在不斷地累積相同經驗之後，更能直接淡化「濾鏡」的效果。

它是解決「習慣性焦慮」最有效的對策之一。

安心處方箋

「專注於當下」能減輕「忙亂感」。

3 不逼迫自己，真的就來不及？

如同四十三頁所舉的例子，即使剛完成一個大型的專案，都無法給自己稍微放鬆和喘息的時間，就是這種「如果不逼迫自己，就會來不及」的執念，讓人無法停下來休息。

也是這樣的執念，讓人在根本不需要著急的狀況下，還是一直處在焦慮當中。

例

加班、假日出勤，早就是家常便飯，根本無法想像不需要去公司的日子。如果每天早早回家休息，怎麼可能做好工作？

像上面這個例子，就是被執念所捆綁的最佳範例。

只是，這種執念真的對嗎？

在這個念頭的背後，甚至隱藏著「如果不這樣逼迫自己，很可能就會變得怠惰」的恐懼。

也就是說，他們認為自己「天生就是怠惰」，只有受到逼迫時，才會付諸行動。

當然，許多因為焦慮而「被迫」活在忙碌中的人，或許逼迫的感覺一消失，就會真的想要鬆懈下來。

但那是因為，他們之前在壓力下「被迫」做了很多「明明不想做，卻不得不做的事」，並不代表他們天生就「怠惰」。偷懶怠惰的人生，通常只會讓他們感到了無生趣。

如果是自己真正想做的事，無論花多少時間或能量，都會感到十分充實及滿足。

假使真的是「天生怠惰的人」，偷懶的時間越多，幸福感會越高；一旦戴上了「窮忙濾鏡」，只會降低效率、讓自己變得更忙碌。因此，真正想要偷懶的人，應該率先摘下「窮忙濾鏡」，專心處理好眼前的事情，這麼一來，才有更多的時間去「偷懶」。

把「偷懶」換成其他讓自己快樂的事，應該就很容易理解了。

不管是自己想做的事，還是不得不做的事，專注精神並有效率地去完成，才是最有益的方法。

認為自己天生怠惰的人，更要認清事實——就是因為自己很懶，才更需要摘下「窮忙濾鏡」，不然連偷懶的時間都沒有了。

安心處方箋

無論本性是否怠惰，焦慮都只會讓狀況雪上加霜。

4 「沒做完？」還是「已經做了這麼多」？

「專注於當下」說起來簡單，事實上卻沒有那麼容易。舉例來說，有的人會一直被「未完成的事項」擾亂心神，沒辦法專心下來。

只要一想到「應該完成的事還沒完成」，就會讓「這個必須做，那個也必須做」、「這個沒完成，那個也沒完成」的焦慮感更加強烈，導致「窮忙濾鏡」的影響變深，讓人無法「專注於當下」。

面對「未完成事項」的方法，就是「接受現實」。

人類是受限於「遺傳情報*」的生物，因此能力相當有限。「只要努力，一切都有可能」完全是錯誤的概念。

不管再怎麼專注，沒完成的事就是沒完成。人類不可能不眠不休地工作，只要經過一段時間，並消耗了一定的能量，就必須要休息。

「今天應該要完成到這裡」只是自己或上司不顧一切定下的目標。這樣的目標無法符合「身體的侷限性」，所以沒有完成也是再正常不過的事情。

當自己的體力到達界限，只是單純地代表「今天已經盡了力，接下來是休息時間」，因此不需要再給自己「這個必須做，那個也必須做」、「這個沒完成，那個也沒完成」的壓力。

的確，「事情沒做完」是客觀的事實，或許還有許多未完成的事擺在眼前，等著自己去處理。

但重點在於自己看待事情的方式——是「今天已經做了這麼多了」，還是「還有這麼多沒做完」？

後者一直執著於「自己可以做得更多，卻沒有如期完成」的過去，前者則是已經放下過去，享受「當下」的成就感。

雖然前面提到「摘下窮忙濾鏡」最有效的方法是「專注於當下」，不過，若是盲目地被「當下」所束縛，只會適得其反。「今天已經做了這麼多」的念頭，才更容易幫助我們摘下「窮忙濾鏡」。

這種看事情的角度，與「半杯水的故事」有異曲同工之妙。

一個玻璃杯裡有半杯水，悲觀的人會說「只剩下半杯水了」，樂觀的人會說「還有半杯水」。明明現實狀況完全一樣，卻因為角度的不同，讓人有完全相反的感受。

接受「身而為人就是會有做不到的事」的現實，滿足於「已經做了這麼多」的成果，就能漸漸減輕「窮忙濾鏡」的影響。

例

由於工作十分忙碌，再加上自己一個人住，所以已經有一個月沒好好打掃家裡，碗盤也丟著沒洗。偶爾提早下班，也總是一堆事情要處理，生活裡的雜事堆積如山，彷彿永遠都做不完，每次將待辦事務完成後，就超過十二點了。啊啊，好焦慮！這種日子該怎麼過啊！

像這個例子，就是從「還有這麼多事沒做」的角度來檢視自己的狀態，結果變得更焦慮。相反地，如果用「今天難得提早下班回家，終於把家裡的雜事處理完畢」的角度去看，又會怎麼樣呢？既不會因為「習慣性焦慮」而陷入恐慌，堆積的雜事也都完成了。所以，如果能更重視眼前的事實，就會產生完全不同的感覺。

一旦出現「生活裡的雜事堆積如山，彷彿永遠都做不完」的感覺，就要試著提醒自己，是不是又戴上「窮忙濾鏡」，增加了不必要的壓力。

同樣是處理雜事，「已經做了這麼多」的念頭，更能讓自己從中獲得成就感。除此之外，還能減輕「窮忙濾鏡」的影響，讓自己產生「今天真的很努力，下次也要像今天一樣」的積極動力。

要帶著滿足感進入夢鄉，或是抱著「還有這麼多事沒做完」的焦慮徹夜難眠，完全是自己的選擇。

安心處方箋

享受「已經做了這麼多」的成就感。

*細胞傳遞給細胞的信息，即DNA或RNA的排列順序。通常生物為傳遞給子代，或是細胞分裂時，會依照遺傳信息而複製相同的細胞。

5 越早開始行動，越輕鬆

有「習慣性焦慮」的人，通常都有嚴重的「拖延症」。

由於他們時時刻刻處在「這個必須做，那個也必須做」、「這個沒完成，那個也沒完成」的壓力當中，就算真的有必須要做的事，也會因為「現在哪有時間做這個」的焦慮感，而一直往後拖延。

接著，這些拖延又讓「這個必須做，那個也必須做」、「這個沒完成，那個也沒完成」的感覺更加強烈……相信很多人都曾有過這樣的經驗。

也就是說，「拖延」得越久，越會讓「習慣性焦慮」惡化。

不過，也不是所有的「拖延」都會加劇「習慣性焦慮」的程度，如果是按照事情的優先順序做好規劃，把不太重要的事往後延，其實是在調整節奏，反而能藉機改善「習慣性焦慮」。

然而，如果是必須優先處理的重要事項，卻因為沒有心思處理，不斷延宕下去，就會讓「這個必須做，那個也必須做」、「這個沒完成，那個也沒完成」的焦慮感越發強烈，同時加重「窮忙濾鏡」的影響。

其實，「拖延症」是不安所造成的。

「如果做不好該怎麼辦」的不安，讓許多人退縮不前。

「再等一會兒，說不定會有更好的點子」，或是「拖到最後，說不定會更有效率」——拖延症的人經常有這些念頭，因此一拖再拖，這也是「如果馬上開始行動，很可能會做不好」的不安所造成。

但是，這種拖延會讓「這個必須做，那個也必須做」、「這個沒完成，那個也沒完成」的焦慮，與「如果做不好該怎麼辦」的不安交互重疊，導致自己必須面臨雙重的壓力。

就如同三十五頁所說，不安的情緒是用來提醒我們「目前不能確保安全」。因此，當我們什麼都不做，一直處在完全未知的狀況中，則會覺得無法保障自己的安全，這時，不安感便會到達最高點。

因此，若想要從「習慣性焦慮」中解脫，「先開始行動」就對了。

拖延症患者最常使用的藉口，就是「現在太忙了沒辦法做」；但是，如果能早點開始行動，不要顧慮是否能達到預期的結果，就會發現——其實只要自己願意，隨時都能開始。因為完美主義讓壓力過大，才會產生「現在太忙了沒辦法做」的感覺。

因此，很多時候，實際動手才知道事情比想像中容易。因為比起從「零」開始，從「已經處理到一半」的部分往下進行，阻力小得非常多。

總而言之，開始動手之後，就能大概了解整體的狀況，比起什麼都沒做，更可以減輕自己的不安。

安心處方箋

除了「不重要的事」之外，其他都「早點開始」吧！

6 開始行動之後，反而更不安？

或許有人開始行動後，發現「沒想到竟然這麼難」、「這件事太辛苦了，我做不到」，結果反而讓自己產生更大的不安。

這種時候，我還是會建議「不管怎樣先開始」。

在嘗試「不管怎樣先開始」的階段時，一定會遇到新的變化，而「變化」本身則會喚起人們的不安。就像是我們經歷過去不曾體驗的事，自然會引發「不能確保安全」的感覺。

不管是什麼樣的變化，都會讓人產生「不能確保安全」的感覺，即使在程度上有差別，同樣會讓人感到不安。

如果再加上「習慣性焦慮」的問題，就會讓不安加劇，對「變化」的感覺更敏感。當人處在強烈的不安中，一旦遇到新的變動，內心的保護機制便會讓新事物看似「非常地困難」，並且極度希望回到變化之前的狀態。

也就是說，我們的思考及情緒會讓人對「變化」感到不安，進而產生逃避的心理。

因此，只要發現「沒想到竟然這麼難」、「這件事太辛苦了，我做不到」，就會無法冷靜地思考「事情是否真的那麼困難」，或是「如果不做的話」會產生什麼後果。

「不管怎樣先開始」的策略，就是讓我們能習慣「遇到變化」，並讓「開始行動」這件事，變成日常的行為。

這麼一來，我們就能真正理解實際上的困難度，減輕剛開始「沒想到竟然這麼難」、「這件事太辛苦了，我做不到」的第一印象，接著，漸漸產生「或許也不是完全做不到」的信心。

如果把真正應該做的事不斷往後拖延，只會增加「這個必須做，那個也必須做」、「這個沒完成，那個也沒完成」的壓力，也就是加重「窮忙濾鏡」的影響，這點須特別注意。

解決這個問題的訣竅，就是按部就班地一件件去處理。這時，腦中不要有多餘的思考，只需要專心地「開始行動」就好。

此外，有許多人是一直在猶豫到底要不要開始，結果白白浪費了時間。如果問題出在「無法判斷事情的優先順序」，那麼，最簡單的方法同樣是「不管怎樣先開始」。

與其花時間猶豫到底要不要開始行動，還不如直接「先開始」，就算只能做一點點也沒關係，只要開始了，就能降低下次行動的門檻。特別是嘗試了一次之後會陷入恐慌的人，更需要反覆進行「不管怎樣先開始」的體驗，這一點非常重要，請一定要記得。

安心處方箋

之所以看起來很困難，是因為在做新的嘗試。

7「浪費時間」的效用

看電視、打電腦或玩手機遊戲，經常被稱為「非生產性時間」，許多人也因此對「不小心花時間在這上面」感到焦慮。但是，這些乍看之下被「浪費」的時間，其實還是有意義的。

舉例來說，「拖延症」有時確實是由不安所造成，但很多時候只是自己太累了。

典型的例子就是兩眼發呆地看著電視，或是機械性地玩著單調的電腦遊戲等等，這時我們的腦袋幾乎沒有運轉。

當人疲累到完全無法思考，就會出現這種情況。當然，如果要休息的話，其實「睡一覺」效果最好，但有些人如果無法停止思考就很難入睡。如果是這樣，請不要認為自己在「浪費時間」，而要理解「原來自己已經這麼累了」。

同時，這也很有可能是因為罹患了憂鬱症，如果回過頭觀察，發現自己確實有過勞的現象，最好讓自己徹底休息，或盡快找專家諮詢。

除此之外，大多很難區分到底是「因為不安才拖延」，還是「因為太累了所以沒有動力」。不過，其中一個簡單的方法，也就是前述提到的「不管怎樣先開始」，如果之後產生動力，那就是不安所造成的；如果反而感覺更疲倦，那就是太累了，最好以休息為優先。

安心處方箋

確認自己是不是太累了。

8 專注「當下」能提高工作品質

例

因為每次都想達到自己滿意的標準，所以工作永遠無法結束。包括正在進行的企劃案，也覺得可能會出現更好的創意，因此每次都拖到最後，讓自己焦慮萬分。

六十七頁曾經提過，有「拖延症」的人，大多因為「再等一會兒，說不定會有更好的點子」，或是「拖到最後，說不定會更有效率」的念頭，產生焦慮不安的情緒。

這不僅會發生在「還沒開始」的情況，像前面這個例子，就算已經「做到一半」了，還是有很多人會因為同樣的不安，導致工作遲遲無法完成，因此陷入焦慮。

這是「完美主義」在作祟，即使工作完成到一定的程度了，也會因為「是不是還有不足的地方」、「是不是還能更加完善」……等等，各種對「完美」的要求，讓工作一直無法結束。

以「完美」為標準，工作當然永遠無法結束。

如果總是擔憂「是不是還有不足的地方」，那隨時都能找到缺陷。

或者，明明已經做得很好，卻因為擔心「是不是還有不足的地方」，進而莫名地鑽起牛角尖，給自己增添多餘的工作，這種情況也不少見。

解決這種鬼打牆的情況，仍然是專注於「當下」。

我們已經知道，人只有專注於「當下」，才能發揮最大的潛力。在專注的狀態下完成工作，無論是完成度及滿意度，都能達到很高的水準，甚至可以說是接近預期的最高水準了。

如果工作時總是擔憂「是不是還有不足的地方」，就代表沒有專注於

「當下」，因為被多餘的念頭分散了心力。

只要能專注於「當下」，就能提高工作的完成度、滿意度，工作效率也會達到最高，同時還能獲得成就感，減輕「窮忙濾鏡」的影響。

安心處方箋

「是不是還有不足？」的念頭——只是「完美主義」作祟。

CHAPTER 3

「調整節奏」，成為「不焦慮的人」

判斷事情的優先順序，重新掌握主導權。

「決定優先順序」
並不只是單純為了提高工作效率，
如果擴大範圍，縱觀整個人生，
就能對「如何生活」有更高的自覺。

1 成為自己人生的主人

透過「窮忙濾鏡」來觀看現實，會發現，當它的影響越深，呈現出來的結果就越相似——真正的現實消失了，只剩下「這個必須做，那個也必須做」、「這個沒完成，那個也沒完成」的執念。

這種情況，還能說自己是人生的主人嗎？畢竟，一直在無謂的不安與焦慮中掙扎，就必須很努力才能生活下去。

簡直是將整個人生，拱手讓給了「習慣性焦慮」。

如果想擺脫「被逼迫的生活」，重新拿回人生主導權，其中一個有效的方法，就是「調整節奏」，本章將會詳細地說明「調整節奏」的概念。

若要學會「調整節奏」，就不能漫不經心地讓人生隨著「焦慮的情緒」起舞，必須擁有「自己」的判斷。當「自己」能主動做出判斷，就代表已經跟人生建立了主動的連結。

所謂的「調整節奏」，就是依照自己的判斷，排列事情的優先順序。

「決定優先順序」並不只是單純為了提高工作效率，如果擴大範圍，縱觀整個人生，就能對「如何生活」有更高的自覺，明白哪裡需要花費力氣，哪裡只需要混過去就好；比起那些被困在「習慣性焦慮」的漩渦當中，被「窮忙」及「忙亂感」操控、勉強度日的人生，要是能學會「決定優先順序」，那將是完全相反的景況。當我們被「習慣性焦慮」束縛，就像在測試自己「對忙碌的忍耐力」，彷彿在玩一場「忙到什麼地步才會崩潰」的懲罰遊戲。

懂得「調整節奏」、過著「自己想要的人生」後，就能配合自己的喜好，重新建立並整頓人生。

與其扮演「忙碌懲罰遊戲」的可悲參賽者，還不如成為人生的主角，擁有時而忙碌、時而放鬆，充滿平衡的優質生活，讓自己充實又有成就感，不是更幸福嗎？

安心處方箋

想要拿回自己的人生，就要懂得「調整節奏」。

2 「不忙的時間」也有意義

所謂「調整節奏」，就是區分出「忙碌的時間」與「休息的時間」。不過，大多數有「習慣性焦慮」的人，都很害怕「休息的時間」，因為他們會認為：「現在都忙成這樣了，根本不是休息的時候！」

但是，從現實的方面來看，懂得調整節奏的人，反而比總是忙碌的人更有效率，也更具有生產力。

因為，懂得調整節奏的人，更能專注於「當下」。

在上一章，我們已經知道，只要能專注於「當下」，就能發揮最大的能力。一邊做事一邊擔憂「這個必須做，那個也必須做」、「這個沒完成，那個也沒完成」，只會打斷集中的精神，讓人必須花費更多的時間，導致「焦慮的情緒」加劇。

另一方面，懂得調整節奏的人，能夠清楚地區分「這時只要做這件事就好」、「那個部分現在先不用考慮」等輕重緩急，也就是能讓自己在「休息的時間」充電，然後，在「忙碌的時間」集中精神處理眼前的事務。

「時常轉換心情，反而更能提高生產力」——這句話便是在說明同樣的概念。

時常轉換心情，能讓人重新提振精神，從本質上來說，就是「藉由轉換心情，來調整自己的節奏」。

當我們懂得調整節奏，區分出「現在是專心工作的時間」，以及「現在是轉換心情的時間」，就能讓能量的消耗降至最低，隨時用清新的心境處理眼前的事務。很多人應該都有過這樣經驗，當工作陷入瓶頸時，偶爾轉換心情，結果反而重新獲得「再繼續加油」的動力。

這不僅能讓人重新獲得能量，在決定「轉換心情」的那一刻起，也等於自己主動結束了「被逼迫」、被「窮忙濾鏡」操控的人生。

轉換心情時，要拋開煩雜的事務，專心調整心情。

當自己重新獲得能量之後，再接著專心處理眼前的工作。

這才是最能提高效率的方法之一。

安心處方箋

時常轉換心情，成為不被「窮忙濾鏡」操控的人。

3 為何無法「轉換心情」？

隨時處在「習慣性焦慮」中的人，會固執地認為「如果不逼迫自己，就會變得怠惰」。所以，他們很多時候會「抗拒轉換心情」。

「如果轉換心情，可能會直接鬆懈下來，再也提不起動力去做應該做的事。」這種想法，讓他們不允許自己轉換心情，只能活在無法放鬆的狀態，時時刻刻處在「這個必須做，那個也必須做」、「這個沒完成，那個也沒完成」的憂慮世界裡。

但是，這裡要再次提醒大家，人的精力是有限的。若不讓自己轉換心情，拚命地做「必須要做的事」，只會讓自己精疲力盡。

當人感到精疲力盡，在做「必須要做的事」時，就會感到更痛苦。疲憊將讓「這個必須做，那個也必須做」、「這個沒完成，那個也沒完成」的情況變得更嚴重，因為「控制不安」的能力已經失效了。

如果勉強自己繼續下去，不只效率變差，還會感受到強烈的焦慮感。甚至，內心可能會留下「再也不想這麼辛苦」的創傷後遺症，感到絕望及沉重的負擔。

最後，這個可怕的經歷，又再次加深「工作很辛苦」、「如果不逼迫自己，就會來不及」的執念。

其實，只要學會轉換心情，就能改變看待「必須要做的事」的角度。

若是改變看待事情的角度，對於原本感到絕望及沉重的負擔，會重新產生「試著做做看，或許可以提早完成」，或是「總之先做做看吧」的信心，同時也能更專注於「當下」，提高工作的效率。如果擔心「轉換心情就回不來」的人，可以嚴格制定轉換心情的時間。

設定鬧鐘，規定自己在這段時間裡忘記「必須要做的事」，集中精神轉換心情。

當鬧鐘響了，就主動回去做原本正在做的事。而轉換心情的時間，最好設定得比自己允許的範圍再長一點，這樣才更能真正集中精神轉換心情。

如果害怕自己因此變得怠惰，就把轉換心情的時間當成「提高集中力的訓練」吧！

無論是工作或是轉換心情，時時訓練自己專注眼前的事，才能全方位提高「效率」及「持續性」。如果把「轉換心情」當成提高集中力的訓練，就能減少「一旦轉換心情，就可能永遠怠惰下去」的不安了。

安心處方箋

設定鬧鐘，徹底轉換心情。

4 偶爾刻意讓自己忙碌一下

學會調整節奏的訣竅① 轉換心情

這部分前面已經說明過了，接著看第二項。

學會調整節奏的訣竅② 「投資」時間

調整節奏是為了節省更多時間，但也因此必須要事前「投資時間」。這不是要我們一直抱著「這個必須做，那個也必須做」、「這個沒完成，那個也沒完成」的焦慮，而是「即使暫時會變得忙碌，但這時多花點心力及時間，之後就會變得更輕鬆」的做法。

例 之前沒有辦理公共事業費的自動轉帳，讓家裡經常面臨斷水斷電的危機，雖然很焦慮，卻又忙得沒有時間去處理。

這就是個典型的例子，只要願意投資「辦理自動轉帳的時間」，之後就再也不用為這件事操心。事實上，處理的手續也沒有那麼困難，只需要下載申請書、填入資料，簽名蓋章完再寄回去就好。

真正著手處理後，才會發現「窮忙濾鏡」是多麼可惡的東西。在「窮忙濾鏡」之下看似「太忙而做不到」的事，實際上只需要花費少量的時間及勞力就能完成。

如果讓自己的生活總是處在「斷水斷電的危機」，就代表每次都必須在「快斷水斷電前」親自到相關單位處理這件事，結果反而花費更多時間，也增加實際的工作量；而這種經常被逼到絕境的感覺，將讓「習慣性焦慮」變得更嚴重。

因此，想要治好「習慣性焦慮」，就需要挪出時間投資在「辦理自動轉帳」這件事情上，才更有幫助。

例

因為太忙導致駕照逾期，結果無法開車上路。因為實在太不甘心了，每次想起來都很生氣。

這個例子就更具有代表性了。因為之前不願意投資一點時間，結果必須花更多時間重新辦理駕照；如果之前懂得調整節奏，優先處理駕照更新，就不會落到這種地步了。

像更新駕照這麼重要的事情，一旦拖延就會造成嚴重的後果，它的優先順序不言可喻。

駕照一旦逾期，後果可是很嚴重的，這是誰都知道的常識。即便如此，在「窮忙濾鏡」的干擾下，還是讓自己被「這個必須做，那個也必須做」、「這個沒完成，那個也沒完成」的不安影響，連駕照逾期這麼嚴重的事都拋在腦後了。

例

雖然想請人幫忙，但又覺得對別人說明的準備很麻煩，最後還是全都自己做了，也因此總是忙不過來，讓心情焦躁不已。

「請人幫忙」這件事非常實際，也確實能減少自己的負擔，所以一定要挪出時間及精力去做準備，讓自己脫離「習慣性焦慮」的狀況。

這需要抱著一定的決心，如同投資理財一樣，如果看到賺錢的機會，就要有勇氣投入資金，如果不這麼做，就別奢望賺大錢。

時間也一樣。如果發現「這麼做可以節省時間（賺到時間）」，為了實現目標，就要捨得投資時間。

投資，是因為看到利益的存在。如果請人幫忙可以賺到時間上的利益，就要試著花時間投資「麻煩的準備」。

這可能會增加工作的時間，或是導致其他工作暫停、佔掉睡眠的時間，但是這段時間的投資，一定可以在將來獲得回報。

相反地，如果連準備都不願意做，只是一味地抱著「其實很希望有人能幫忙」的受害者意識，則會讓自己在「習慣性焦慮」中白白浪費人生。

不過，既然是投資，在花費時間準備之後，就更需要交給可以好好完成工作的人才行，不然只會事倍功半。當然，沒有人是完美的，每個人對於「好好完成工作」的標準都不一樣，所以需要根據對方的狀況做出調整。

只要確認對方可以「好好完成」到什麼程度，就能減少「對方是否能好好完成工作」的不安。不管怎樣，只有放下心中的擔憂，才能擺脫「習慣性焦慮」。

安心處方箋

為了未來可以更有效率，現在就把該做的事情處理好吧！

5 訂定優先順序的方法

「調整節奏」，就是思考「現在應該優先做什麼」，這是很重要的事。

學會調整節奏的訣竅③ 依不同階段做決定

舉例來說，目前最重要的事項是「節流」，不過若是生了孩子，無法同時兼顧育兒及工作，就必須考慮降低「節流」的順位，將錢花在保母或是計程車費上。節流確實很重要，但更重要的是「現在應該以什麼為優先」。

相反地，如果是時間充裕、經濟卻相當緊縮的時期，「節流」就會是非常優先的事項了。

例

我的工作是技術職。就業之後，為了熟悉作業，這半年都以工作為重心。雖然還有其他必須要做的事，有時也會感到焦慮，但是我不後悔在這半年間的努力。

剛開始出社會或是剛轉換跑道、調動職務時，最好可以「在一定的期間內以工作為優先」，這對自己的職業生涯會很有幫助，也是一個常識。

這裡的重點，在於「一定的期間」。

就算會被說不合群或是很難約，也要堅持在一定的期間內把重心放在工作上，而且，最好將這個決定告知身邊的人。這麼一來，便能減少自己被誤解的機率。

依職業的不同，這個「一定的期間」可以是「三個月」、「半年」或「一年」……等等，只要事先做好規劃即可。

決定「這半年都要專心工作」之後，若是發現自己適應得更快，或是可能還需要更長的時間，再做調整也可以。

「決定好時間，並集中精神努力」，可以讓自己在「太過專注工作，而疏忽其他事情」時，不會產生不必要的罪惡感及自責。

此外，將所有的注意力都集中在工作上，也能幫助自己摘下「這個必須做，那個也必須做」、「這個沒完成，那個也沒完成」的「窮忙濾鏡」。

即使工作真的非常忙碌，只要不讓自己分心，就能在最後的期限前，獲得最大的成果。

當然，以工作為優先，並不代表這段期間不能做其他事。如同前面所提到的觀點——偶爾轉換一下心情，也能提升工作的效率。

重要的是，「以工作為優先時，其他事情可以先放一邊」。這種對「節奏」的掌握。

否則，一不小心「這個必須做，那個也必須做」、「這個沒完成，那個也沒完成」的焦慮就會捲土重來，所以一定要注意。

安心處方箋

想集中精神做某件事時，要設定期限。

6 主動「提前完成」

對於一直被工作期限追著跑的人而言，「永無止境的趕工地獄」是最可怕的事。除了工作上遇到的困難，還必須跟「不知道來不來得及」、「如果來不及的話該怎麼辦」……等各種不安對抗。

這種焦慮十分恐怖，將導致「不到最後期限，很難產生動力」、「要到最後關頭，才有最佳靈感」的念頭出現。

擁有這些念頭的人，基本上都是以「來不及的話，該怎麼辦」的不安，作為工作的能量。

當不安成為活下去的能量時，是一件非常痛苦的事，同時也相當消耗生命力。

由於不安也是「習慣性焦慮」的能量來源，如果像這樣把自己逼到「來不及的話，該怎麼辦」的狀態中，很可能會讓「習慣性焦慮」更加惡化。

這裡有一個方法可以有效擺脫「習慣性焦慮」，那就是「主動提前完成工作」。只要遇到有截止期限的工作，就盡可能地提前完成它。

學會調整節奏的訣竅④ 努力「提前完成」

有人從過去的經驗裡發現「只有被逼到火燒屁股，才能發揮最大的能力」，但這其實不是「火災現場的神奇力量」，而是「事到臨頭不得不集中所有精神」而已。

也就是說，不管什麼時候，只要能夠集中精神，每個人都能發揮這樣的能力。

既然「無論如何都得做」，不如就稍微努力一點，自己主動提前把事情完成。

也許有人會認為：「要是做得到，早就去做了」，或是「依照原本的期限可能都來不及了，何況是提前完成？」但是，「提前完成」不僅能讓自己遵守期限，還能帶來許多意外的效果。

前面提過，造成「習慣性焦慮」的主因之一是「被逼迫的感覺」。即使同樣忙碌，如果是盡情做自己想做的事，就算再忙，也會獲得相對應的成就感及滿足感，不會產生「習慣性焦慮」特有的受害者意識。相反地，若總是被身旁的人事物牽著鼻子走，就會被日積月累的「忙亂感」耍得團團轉。

「提前完成」的優勢，就是「可以按照自己的步調做事」。

在最後的期限內努力趕工，只是打亂自己的步調而已。

請不要讓自己處在「來不及的話，該怎麼辦」的不安當中，也不要管是否被要求了工作的期限，只要全心全意地專注於「當下」，就能讓心情沉澱下來，進而提高工作效率。在這種狀況下完成工作，將獲得極大的成就感，同時減輕「窮忙濾鏡」的影響。

例

為了準時下班，強迫自己做任何事都要講求效率，結果反而更讓人疲憊。有時候甚至會想，寧願多加班一小時，也不要整天神經緊繃。

這與「提前完成」剛好是相反的狀況，但解決辦法同樣是「掌握主導權，不讓外在事物影響自己的步調」。

所謂的「下班時間」，說到底只是公司的規定，不一定最適合自己，如果延遲下班反而更能調整自己的步調，那就沒有任何問題。重要的是，不要受到焦慮的干擾，要專注於「當下」，按照自己的步調處理事情。

「調整節奏」，就是自己掌握主導權。

如果按照自己的步調，偶爾需要晚一個小時下班，那就是正常的「調整節奏」，可依照自己舒服的方式進行就好。

安心處方箋

「提前完成」是為了拿回主導權。

7 凡事「盡力」就好

例

工作總是很忙碌，經常需要臨時出差、加班或是假日出勤，因為害怕自己突然取消約會，所以私下都不敢安排任何計畫。不僅之前一直想去的演唱會去不成，和朋友也好久沒見面了。

「不敢安排計畫」、「害怕臨時有狀況」等等，都是「習慣性焦慮」帶來的壓力，導致未來的可能性一個個被奪走。

但是，當真正陷入不可預測的忙碌時，若僅僅為了「以防萬一」，就將所有時間都用來「待機」，只會讓自己錯過很多精采的事物，變成一個「待機的人生」。

相較之下，以「就算白費功夫也沒關係的念頭去制定計畫，要是真的無法執行再放棄」——這樣的心態反而更能擴展生命的可能性。

當然，就算事先不做計畫，一有想法和機會就直接執行，自然也沒什麼問題，頂多會因為一些臨時的狀況，需要額外花費金錢和體力，而讓荷包和心情受影響，但是再怎麼樣也不會是最糟的情況。

最糟的情況是，人生的品質受到損害。

首先，請「接受現實」吧。

接受「因為工作型態，而無法安排個人計畫」的現實，再盡力做好平衡，只需要稍微轉念一下，就能幫助我們提高人生的品質。

凡事「盡力」就好，也是有效擺脫「窮忙濾鏡」的思考方式。

這與「這個必須做，那個也必須做」、「這個沒完成，那個也沒完成」是完全相反的思考模式。

當我們告訴自己「盡力就好」，便是將視線放在「現在」，再從「現在」一步步往前走；與一心擔憂「這個必須做，那個也必須做」、「這個沒完成，那個也沒完成」的視線相反，後者的視線完全被「未知」所取代。

簡單地說，「盡力就好」的意思，就是放下「完美主義」。

「完美主義」的能量也是來自「不安」，它讓人只想消除自己的「不足之處」。放下完美主義，鼓勵自己「盡力」就好，也就等於擺脫了「不安」的桎梏。

其實，很多「習慣性焦慮」的人，都是無法接受現實的人。

他們總是覺得自己「不夠好」，所以無法接受現狀。在某種意義上，他們有這種感覺也是正常的。畢竟，心裡總是擔憂「這個必須做，那個也必須做」、「這個沒完成，那個也沒完成」的人，本來就會對現狀感到不滿。所以，要先讓自己認清現實，才能擺脫「窮忙濾鏡」。

此外，必須臨時取消安排好的計畫時，更需要「準備接受現實」。

畢竟是「好不容易才安排好的」、「都期待了那麼久」的計畫，自然會出現「不肯接受現實」的心態，但也不要馬上逼迫自己認同「這就是現實，不接受不行」。

「接受現實」的第一步，應該是接納自己的情緒，像是「好不容易才安排好的，真的好可惜」、「都期待了那麼久，好過分」的真實感受，才是我們必須優先顧及的情緒。

如果刻意壓抑情緒，反而會更難接受現實。不管怎麼說，覺得「可惜」、「過分」的自己，也是屬於「現實」的一部分。

安心處方箋

「盡力了」就好。

8 避免破壞「親密關係」

「盡力就好」的思考方式，可以直接套用到自己身上，但是如果事情關乎家人或是朋友，就得避免破壞彼此之間的關係。

前面提過，當安排好的計畫臨時取消，接納自己「好不容易才安排好的，真的好可惜」、「都期待了那麼久，好過分」的真實心情是很重要的事，這一點放在與親友之間的關係也一樣。

親友們同樣會感覺「好可惜」、「好過分」，所以也要試著理解他們的情緒。

畢竟兩方都是命運的受害者，若是自己擺出「既然是工作也沒辦法」理所當然的模樣，反而會讓對方覺得「受挫的心情沒有被安撫」，結果更激怒了對方。

如此，還不如表現出自己也覺得「好可惜」、「好過分」的心情，與親

友站在同一邊。

當然，這些沮喪、生氣的情緒不可能馬上歸零，至少需要一段時間才能消化，但是，只要能與對方感同身受，就不會傷害到彼此的關係。

讓家人及朋友知道自己也「很想去」、也「期待了好久」，他們不僅不會覺得自己被忽略，還能理解你同樣也是受害者之一。

例

當朋友詢問自己「下週何時有空」時，因為不知道能不能完成工作，所以無法回答，真的感到很焦慮。再加上經常需要臨時加班，所以連一個月之後的計畫也不能決定，每次都只能回答「因為實在太忙，可以去的話就去」，結果事到臨頭還是只能取消，跟對方說「不能去」，因此常被認為很不合群。

這種狀況及心情讓人十分感同身受，沒有人希望這樣就失去朋友。只不過，忙到被朋友認為「不合群」，是實際上真的這麼忙，還是「習慣性焦慮」所造成的呢？

說「自己忙不過來，所以不能去」，原因可能真的是因為忙碌，但問題是對方只接收到「很忙」、「可以去的話就去」、「結果還是不能去」這三句話。

自己心裡有多難受、多沮喪，他們可能完全不曉得。再這樣下去，不只可能會被認為「不合群」，還可能讓對方覺得「到底有沒有把我當朋友」。

人與人之間的感情，不只與實際相處的時間有關，更取決於「態度」。

舉例來說，在告訴對方「很忙」、「可以去的話就去」、「結果還是不能去」的時候，自己向對方說明了多少狀況，又採取了什麼樣的態度呢？如果自己「非常焦慮」，對方是否也感受到那樣的焦慮了？

自己之所以感到焦慮，是因為真的很重視對方——明明跟你約好了，卻無法遵守承諾，所以不知道該怎麼辦——如果沒有把這種心情傳達出去，對方就不可能知道。

但是，當人處在焦慮中，經常會忘記傳達自己真正的想法。因為，他們的大腦已經被「怎麼辦、怎麼辦」的慌亂思緒給佔據，沒有能力顧及對方。

這也是「習慣性焦慮」的症狀之一。

腦中充斥著「這個必須做，那個也必須做」、「這個沒完成，那個也沒完成」的焦慮，因此無暇思考真正想傳達給「對方」的感覺，還有「對方」從自己這裡接收到什麼樣的訊息。

若是對方了解自己的沮喪，就能感同身受，理解自己的「艱辛」了。

在與朋友約定事情的同時，也要考慮到自己很可能會臨時取消，因此要事先做好全面的計畫。

如果到時候真的臨時取消，請誠懇地告訴對方「真的很抱歉」、「也很難過」，便能有效地緩解尷尬的氣氛。

「實際相處的時間」與「感情加深的方法」，兩者雖然有關聯，卻不是相同的東西。

「很好約」的人，不一定人緣很好或是受到大家歡迎（也可能只是被當成工具人）；往來頻繁，也不代表就能成為真正的好朋友。

真正的好朋友，應該是可以安心地說出真話，並能誠實地告訴對方「職場壓力有多大」、「自己真的很想跟他見面」、「如果不行，自己會很沮喪」的人。

如果只顧及「對方會不會覺得自己不合群」，注意力就只會放在「可能會被誤解不合群」的念頭上了。

這會讓自己產生一種愧疚的心情，彷彿莫名地辜負對方。

這種「莫名辜負對方」的感覺，才是真正損害感情的兇手。

既然如此，何不直接正視對方，告訴他們「真的很抱歉」、「很難過」呢？這才是「良性的溝通」，也能同時加深彼此之間的感情。

安心處方箋

如果沒有時間相處，至少要好好地向對方表達心情。

CHAPTER 4

丟掉多餘的東西，不再為焦慮所苦

分辨「應該做」和「想要做」，執行「斷捨離」法！

先篩選生活的基本條件，
再想像執行後的生活會變成什麼模樣，
就會發現生存所必需的東西真的很簡單。

1 只做「真正必須做」及「想做的事」

前一章探討了如何「調整節奏」，這之所以重要，是因為它能讓我們捨棄「不必要的東西」。

若想放下「習慣性焦慮」，就需要大膽地將「必須做的事」排列好優先順序。

當每件事看起來都是「這個必須做，那個也必須做」、「這個沒完成，那個也沒完成」時，就需要「這個之後再做就可以」、「這個現在先不用考慮」的冷靜判斷。

近來，大家開始慢慢認同物質上「斷捨離」的價值觀，也有越來越多人喜歡空間的「簡約之美」。

只不過，當同樣的觀念用在「現在應該優先做什麼」，許多人卻處在混亂又沒有章法的狀態中——也就是「這個必須做，那個也必須做」、「這個沒完成，那個也沒完成」的狀態。

從物質的角度來思考，或許會更好理解。例如，我們不需要擁有其他人身上的每一樣東西，因為最後只會變成「浪費」。

買進不需要的東西，不但浪費金錢，也很佔空間，有些物品甚至還需要花心力保養，最後這些多餘的東西，只會散落在家中每個角落，讓生活效率變差，連時間都跟著被浪費。

「現在應該優先做什麼」，其實也是完全一樣的狀況。

比如說，現在正在進行的事情，跟自己的人生毫無關係，或是不適合自己，只因為「別人都在做」，所以自己也跟著做。這樣不但浪費時間，也會佔據「想做的事」的時間。

如此，將會使「必須做的事情」暴增，讓「這個必須做，那個也必須做」、「這個沒完成，那個也沒完成」的感覺加劇；同樣地，「習慣性焦慮」也將更惡化。

就如同在執行「斷捨離」時，要判斷自己真正需要、喜歡什麼；思考「現在應該優先做什麼」的時候，同樣也要從「必要性」及「是否喜歡」去做判斷。

特別是和「社群網路」相關的事情，更需要審慎思考。

例

朋友中有許多人每天都會發臉書、推特，部落格也時常更新，還會不時互傳訊息，看起來生活非常充實，所以對於自己無法那麼勤奮，不免感到有些焦慮。

每天光是瀏覽社群軟體、網路，不斷搜尋購物、美食餐廳……等情報就忙不過來了，久了之後真的有點累。

收藏了很多別人推薦的網站，想說日後會有幫助，但時間一過就忘記了，看到善於利用網路資源的人，就覺得自己很糟糕。

說實在，在這個資訊化的時代，如果強迫自己必須接收所有情報，基本上人生已經完蛋了，更別說許多資訊根本沒有追蹤的必要。人們活在現代，必須開始思考什麼對自己來說是「必要的」，什麼又是「有價值的」。

上面所舉的幾個例子，都因為「別人做了但自己沒做」，因此認為自己很糟糕，這就是前面六十二頁說過的「只剩半杯水」的思考方式。

換個角度想，不管別人做了什麼，自己就算沒做，也一樣好好的，不是嗎？好不容易擁有單純的生活，實在沒必要從負面的角度，把單純的生活視為「不好的事情」。

既然「沒做也一樣好好的」，就代表這件事或許不是「必要的」。要是有人還帶著疑慮，可以試著這樣想：

「如果想維持生活的話，最簡單的形態是什麼？」

先篩選生活的基本條件，再想像執行後的生活會變成什麼模樣，就會發現生存所必需的東西真的很簡單。

就像這樣，在腦中描繪出生活的基本形態，再慢慢加上「真正想做的事」，就不會再被「習慣性焦慮」給影響了。

安心處方箋

找出生活中不必要的事。

2 比起「應該」做的事，「想要」做的事更重要

前面提過，當我們想從「習慣性焦慮」中解放，從此過著自由自在、屬於自己的生活，就需要從「必要性」及「是否喜歡」去做判斷。

但是，對一些人來說，判斷什麼是「必要」，什麼又是「真正想要」，其實是很困難的事。

如同前述關於社群網路的例子，若我們覺得自己「必須跟上時代」，就會認為那是「必要的事」。

但是，如果凡事都想著「為了要〇〇，是不是必須去做」，人生便會亂七八糟，陷入「這個必須做，那個也必須做」、「這個沒完成，那個也沒完成」的狀況，導致「習慣性焦慮」惡化。

這個時候，可以試著思考——自己選擇的是「應該」做的事，還是「想要」做的事——將會很有幫助。

「為了讓自己跟上時代，是不是必須做某件事」就是屬於「應該」的範疇，也就是「不應該跟不上時代」、「現代人應該要懂這些事」的想法。

但如果是「現在這個時代已經能做到這些事了，我想試試看」，那就是「想要」了。

有一個方法可以簡單區分這兩者的不同，那就是「當自己沒做到時，會產生什麼感覺？」

出於「應該」的心情時，會對沒做到的事情感到不安，同時伴隨著「做為一個人不夠優秀」的感覺，前面所舉的三個例子全都是這樣的想法。此外，「應該」會讓自己和他人較勁——其他人都做得很好，就只有自己沒做到，真的很糟糕。

那麼，「想要」的情況又是如何呢？

如果是「想要」的心情，焦點會放在「沒有時間真是可惜」、「不知道有沒有辦法擠出時間」等等事情上，而不是「沒有做到的自己」。

他們對於沒有做到的自己，只會感到「不甘心」、「好可惜」，或是「很想做些什麼」。

也就是說，對於沒有做到的事情，如果感覺到的是「因為自己很糟糕」或是「自己不夠好」，那就是來自於「應該」的證據。

例

朋友向我推薦〇〇導演的電影，於是這個星期我向他借了五片DVD，本來想每個晚上看一片，結果因為太忙，只看了前面十五分鐘就睡著了，最後只能全部還回去。

買了五本暢銷小說，本來想在過年期間看完，結果只看了第一本的一半，心情很焦慮。

因為不想錯過想觀看的節目，一口氣錄了五十個小時的電視節目，結果根本沒時間看。

以上這些煩惱也是類似的狀況，特徵都是把焦點放在「因為太忙所以沒做到的事情」上。

如此便會加重「這個必須做，那個也必須做」、「這個沒完成，那個也沒完成」的壓力，讓「習慣性焦慮」更加惡化。

但是，仔細思考，就會發現那些事其實不做也無所謂。

不知道會不會喜歡的電影、隨處可見的暢銷書、錄好的電視節目——每件都是不做也能活下去的事，就算自己沒做也還是好好地生活著。別人推薦的電影應該要看、暢銷書應該要看、最好知道一下的節目應該要看，這些都只是我們以為「應該」要做的事。

安心處方箋

不再做「應該」做的事。

3 「應該」的想法，讓「習慣性焦慮」惡化

想要擺脫「習慣性焦慮」，拿回人生的主導權，就該以「想要」的事為優先。

其實，「應該」的想法，也是讓「習慣性焦慮」惡化的重要原因之一。明明沒有必要、自己也不想做的事，卻因為擔心「為了要〇〇，是不是必須去做」，就認為「自己必須做」。這自然會加深「這個必須做，那個也必須做」、「這個沒完成，那個也沒完成」的焦慮。

如果「應該」的標準不是來自於內心，而是外在環境，自己只是為了配合才行動，則會帶來強烈的「被迫感」。這種感覺來自於「不安」，於是我們經常從外在因素來評價自己「做得夠不夠好」，進而把不重要的事當成「應該」要做的事。

當然，世上確實有像家事、工作……等立場上不能推託，且「應該」要

做的事，但如果仔細思考，會發現真正重要又「應該」做的事，其實沒有那麼多。

此外，如果是真正「應該」做的事，就不會因為「太忙」而發生「應該做卻沒有做」的狀況。

因為，它們多半是「無論如何都必須做」的事。

比如說，餵學齡前的小孩吃飯，這確實是「應該」做的事，即便有時候「不想做」，但無論如何都必須做。

因此，我們腦中所擔憂的「為了要○○，是不是必須去做」的事，並沒有達到「應該」要去做的程度。

大多數時候，都只是不安所產生的想像而已。

想擺脫「習慣性焦慮」，就必須以「想要」為優先，而不是讓「存在於想像中的應該」來支配我們的人生。此外，更需要仔細篩選「應該」做的事，盡量將它減到最低限度。

這種思考方式也能消除「以自己為優先」所產生的罪惡感，具體的方法會在第五章、第六章討論。

安心處方箋

所謂的「應該」，大多都是「不需要做的事」。

4 拋下「旁人的眼光」，用「自己的眼光」看待事物

例

因為十分忙碌，每星期只能休息一天，業績經常名列前茅。不過看到別人都週休二日，偶爾也會想要多休息，卻又擔心無法在公司保持傑出的成果，因此很焦慮。

這與前面提到的「應該」和「想要」是同樣的概念，也是一個好時機，讓自己可以冷靜思考——「保持傑出的成果」對自己來說是「應該」或是「想要」。當然，對於大多數的人來說，能擁有傑出的成果，絕對是令人高興的事。

然而，「想要多休息」其實並不是真的「想要」，而是「應該」。

一般來說，當人們開始在意別人的看法，很多事情就不是「想要」，而是變成了「應該」。

這是被「應該做個好員工」、「不應該偷懶」的想法給綑綁了。如果自問是否真的想要持續這樣的人生，認真思考之後，答案很可能是「不」。若是這樣，就有必要在某個時間點試著「轉換方向」。

轉換方向，換句話說，就是好好休息，把重心放回自己的生活。

在六十九頁提過，所有的變化都會帶來壓力，因此需要一定的時間去適應。同樣地，在「轉換方向」的時候，也需要讓身旁的人適應一段時間。

將重心轉回個人生活，或許剛開始會讓別人覺得「自己變得不夠認真」，但是，當他們看到即使減少了工作時間，自己的態度依舊專業誠懇，最後一定會改變想法。

不要因為對方的反應，就草率地做出結論。若想要擺脫「習慣性焦慮」，就一定需要一些改變。

只要記得「不管是什麼變化，最終都能克服」，然後將這段時間視為「嘗試新挑戰」的時期就好。

安心處方箋

別再勉強自己，也無須在意旁人的反應。聽聽內心的聲音吧！

5 思考「行動」與「目標」是否一致

例

因為想要升職、加薪，進而出人頭地，所以特意去上證照班、學英語。不過證照最後還是沒考到，多益測驗的成績也一直卡在六百五十分上不去，真的很焦慮。

這就是「急於向上」卻反而讓「習慣性焦慮」惡化的狀況，所以需要重新審視自己的動機。

說到底，想要出人頭地或加薪的原因是什麼？

應該都是為了「過高品質的生活」或是「想讓生活變得更有餘裕」吧！

不想在缺乏自我意識、條件惡劣的環境下辛苦掙扎，因此想用自己喜歡的方式工作，讓經濟變得充裕，同時擁有美好的個人生活。我想，很多人心中都有這樣的夢想。

但是，從各種調查及大多數人的經驗裡，可以得知「越是執著於出人頭地，越可能讓生活變得過度忙碌，自由也跟著受到限制」。

也就是說，越想往上爬，生活就越難以輕鬆，反而會越來越痛苦。

人們通常會認為：「努力工作賺大錢，就能過著享受且有餘裕的生活。」但是，只要看過實際的例子就知道，越努力工作只會變得越忙碌，先不論金錢的多寡，大多數時候都不會因此比較輕鬆。

為什麼會這樣呢？其中最大的原因，就是經濟能力提高，生活水準也會跟著一起提高，為了維持這種狀況，就不得不去賺更多的錢。

此外，當別人用「成功者」的角度看待自己時，為了不辜負對方的期待，就會更想往上發展，得到更好的成績。

有些人甚至會因此累積過多壓力，進而衝動消費，導致手上的存款和之前相比沒差多少。

也就是說，「習慣性焦慮」的人太執著於出人頭地，只會加重「習慣性焦慮」的症狀。

這麼一來，原本想靠著出人頭地，讓自己過得更輕鬆的願望，也就不可能實現了。

當然，考取證照、多益測驗都能帶來成就感，不過在這種忙碌的狀況裡，「就算努力卻沒有成功」是眼前最需要面對的現實。

所以，首先要接受這個現實，之後才有其他的可能。

接受現實後，請理解「獲得美好生活」這個目標，與現在的行動並不符合，這麼一來，就能明白「在這忙碌的狀態裡，如果還抱著不切實際的目標，只會讓自己更加忙亂，並感到不滿及焦慮，因此在狀況改變之前，還是先暫停考證照比較好。」

或者，不改變行動，而是改變想法。

從「窮忙濾鏡」的角度來看，想要出人頭地，就是讓自己陷人「這個必須做，那個也必須做」、「這個沒完成，那個也沒完成」的狀況。但是，如果抱著「想要一步步累積實力，從中找到人生價值」的想法，就不會覺得自己是「沒有做到」，而是「做到這裡了」。

「一步步累積實力」這個目標，與實際的行動完全一致，因此可以讓自己得到成就感。

像這樣，我們對現實的看法，會隨著目標的不同而完全改變。此外，不管是否想要出人頭地，如果是真心想要學習新事物的人，可以參考第六章。

安心處方箋

讓目標與行動一致。

6 你是屬於「一心多用型」或「專注型」？

例

看到同事工作順利，而且空閒時間不是去學英文，就是去旅行、上健身房，不但嗜好眾多，朋友也滿天下，生活非常地充實。這讓我十分焦慮，明明對方的工作時間跟自己一樣，為什麼有能力做這麼多事？

單從這段話來看，或許這個同事只是比較懂得處理事情的技巧，知道如何在某些看不到的地方稍微偷懶；也或者對方是精力充沛的類型，不管什麼時候都想做點事情，不然就靜不下來。

如果是這樣，對方跟自己就是完全不同類型的人，彼此都有優點及缺點，因此只從「看得見的部分」去做比較，其實沒什麼意義。

況且，說不定這只是「一心多用型」或「專注型」的差別而已。世上的人，可以明確區分為「一心多用型」（同時做好幾件事情），以及「專注型」的人。

這不是經由訓練就可以改變的事，大多數是跟天生的頭腦構造有關。

不過，與是否聰明無關，無法一心多用的人不代表頭腦比較差，只是他們更適合專心鑽研一件事，完成之後再繼續下一件事情而已。

唯一需要理解的，只有「自己不擅長一心多用」而已，如果缺乏這種自覺，便會產生「為什麼自己這麼笨」的自我否定。

因此，專注型的人必須讓旁人理解自己的做事方式，不要同時進行好幾件工作，這才是最安全、有效率的方法。一旦專注型的人開始追求一心多用，則會產生「習慣性焦慮」，結果給周圍的人添麻煩。

所以，要先了解自己是屬於哪一種類型，如果是專注型，就不須勉強自己和一心多用型的人做同樣的事。

而專注型的優點，在於可以將「所有的能量全部投入在一件事情上」。

只要找到適合自己的方式，按部就班地完成，就能獲得令人驚艷的成果。因此在選擇工作時，也要善用自己的優點，找到適合的工作。

就像這樣，了解自己的特徵，便能有效改善「習慣性焦慮」。

許多人是因為「無法做到別人能做到的事」，就覺得自己很糟糕、很沒用，因而陷入「這個必須做，那個也必須做」、「這個沒完成，那個也沒完成」的狀態裡。但是，自己與對方只是「不同的類型」，沒有優勝劣敗之分，只要理解這一點，則不會再否定自己，能確實地過著喜愛的人生。

安心處方箋

了解自己是「一心多用型」或「專注型」的人。

7 不要承擔「自己領域」以外的東西

例

在公司裡，如果不時時刻刻盯著下屬就無法放心；上司沒下班之前也不敢先離開，結果根本就沒有自己的時間。

這部分跟職場的性質有關，不過，如果公司的氛圍是「想下班就可以下班」，那就是「習慣性焦慮」在作祟了。

之所以這麼說，是因為這個例子裡充滿了不安的情緒。

不盯著下屬就無法放心，意思就是「不盯著的話，不知道下屬會不會好好做事」，因而產生不安；上司沒下班就不敢先離開，意思就是「如果上司下班之前，自己先離開了，不知道對方會怎麼想」，所以感到焦慮。

如果這個職場是「禁止員工在上司下班之前離開」，那就是超過自己所能掌控的範圍。但是，很多職場並不是這樣。

這裡希望大家記住，這是屬於「誰的領域」的問題。

「好好工作」是屬於「下屬領域」的問題。

只要站在下屬的立場去思考，就會明白「自己有沒有好好工作」，跟個性、價值觀、當天的身體狀況……等「自我領域」有關，與「有沒有被緊緊盯著」無關。

相反地，一旦下屬養成「只有被盯著的時候才會工作」的壞習慣，則真的會變成「不被盯著就會偷懶」了。

如果發現自己的下屬沒有好好工作，只要提出改善的方法，或是找對方談話就好。讓下屬明白那是屬於「他的領域」的問題，再給予對方指導，幫助他重拾工作的熱情。

關於上司的狀況也一樣，除非對方明確表示下屬不能比他先下班，否則就只要打聲招呼，說自己「今天因為○○，所以要先回去」，然後就可以下班了。如果是足夠成熟理性的上司，當然不可能會說什麼；若是先下班產生什麼問題，對方也會明確地告訴自己。

或許有些上司會因此感到不愉快，但這個「不愉快」也是屬於「上司領域」的問題。

從六十九頁已經得知，人只要遇到變化都會產生壓力。所以，當對方嘴上說著不在乎，表情卻顯得很不高興，只要理解「對方是因為遇到意料之外的事，所以感到不愉快」就好。

沒有必要將問題攬過來，變成「自己的領域」。

當然，平時的工作以及對待上司的態度，都要表現出自己沒有要輕忽上司的意思。此外，除非是絕對可以信任的朋友，否則千萬不要在私底下抱怨上司是個「只要下屬先下班就會不高興」的人。有些人只要得到尊重就會變得很寬容，若是平時能誠懇地表現「對上司的敬意」，對方也能慢慢習慣自己「先下班」的情況。

之所以提出屬於「誰的領域」這個問題，有一個重要的理由。

人其實只會知道「自己領域」的事，也只能對「自己的領域」負責，唯有理解這一點，才能減輕「習慣性焦慮」的問題。

同樣都是「自己先下班」，不同的人就會產生不同的結果。有的下屬不會受到任何影響，仍然會認真工作；有的下屬則會慶幸自己可以偷懶；甚至，有的下屬是上司不在時，才更能發揮能力的類型。

之所以有這麼多不同的狀況，是因為那些都不是屬於「自己領域」的問題，而是「下屬領域」的問題。

關於上司也一樣，他們對於下屬先下班會有什麼感覺，也是屬於「上司領域」的問題，每一個上司的反應都不盡相同。

這些全都會隨著對方的個性而改變，所以，如果總是依照「對方的領域」而行動，只會加重自己的「習慣性焦慮」。

「如果〇〇的話，該怎麼辦」的不安，會加深「窮忙濾鏡」的影響。況且，在公司待的時間越長，屬於自己的時間就會越少，再加上「被逼迫的感覺」，「習慣性焦慮」不變得越來越糟才奇怪。

先區分是「自己領域」還是「對方領域」，需要的話，再思考對策。

若是下屬偷懶，可以將工作內容細分化，指示對方必須完成到某個階段才能下班；即使自己不在公司，也要讓下屬能聯絡到自己。

如果是上司要求下屬一定要跟自己同進退，那麼，想要先下班可能就有點困難，但仍然可以自主利用在公司的時間。

重點就是「調整節奏」。

例如盡量加快工作的效率，一旦上司準備下班，就立刻跟著下班，或是當作工作完成之後的放鬆時間（畢竟上司還在，需要審慎行事）等等，運用時間的方式有很多。

安心處方箋

不要連對方的問題都一起焦慮。

8 學會聰明拒絕

前面已經提過很多次，想要治好「習慣性焦慮」，就要懂得「調整節奏」；想要「調整節奏」，就必須要有能力拒絕「不重要的事」。然而，「拒絕」是一件很麻煩的事，許多人就是因為無法說「不」，才會產生「習慣性焦慮」的問題。

「懂得說不」，近來也似乎變成「成功者」所必須具備的要素。一般人在某種程度上，當然會有無法說「不」的時候。不想讓對方產生不好的感覺、不想引起爭執——這是大多數人共通的價值觀。

此外，被拒絕的那一方也不希望遇到這種事，畢竟會讓自己受傷（當然撇除只是客套上邀約，實際上希望對方拒絕的情況）。

推薦一個聰明的拒絕法，那就是「把問題全部攬到自己的身上」。

例如「不小心感冒了」、「工作來不及完成」等等，向對方展現自己沒有餘裕的狀況。

然後，再加上「如果可以的話，真的很想幫忙」、「真的很抱歉」這種希望幫助對方的態度，就更能讓對方感受到尊重。

重點是，不要讓對方覺得他的請託「不恰當」。

「沒看我都忙成這樣了嗎……」

「上次不是已經幫過你了……」

像這樣的說法，就是在批評對方的請託。

對方可能因為被駁回而感到不快了，還被批評不應該如此請託，這會讓他受到更大的打擊。

此外，或許有些人會覺得：「為什麼要說謊，自己明明沒有感冒，只是不想接受請託而已。」所以不願意拿「不小心感冒了」、「工作來不及完成」來當藉口。

那麼，為什麼不想接受請託呢？我想，真正的原因應該都是「想要珍惜自己的時間」。

不想被「不重要的事」佔據時間——這種想法對於解決「習慣性焦慮」其實是很有用的。

但是，從人際關係的脈絡去思考，受到他人請託的時候，用「想珍惜自己的時間」為由拒絕，會給人一種「否定」的感覺。

聽起來就像「滿足對方的期待，是在浪費時間」。

所以，不須將「不小心感冒了」、「工作來不及完成」的藉口當成「謊言」，可以換個角度思考，這是為了「不讓對方受傷」而給出的理由。

一個誰都能接受，而且沒有爭議的理由，遠比直接的拒絕還妥當。

「不想說謊」是自己的「希望」，但是如果考慮到「對方」，委婉的拒絕也不是什麼不好的事。

聽起來好像全是在為對方著想，但是被拒絕的人偶爾也會產生攻擊性，所以從結果上來說，也算是一種保護自己的方式。

當然，即使非常顧慮對方，對方還是可能會感到不快。

如果真是那樣也無可奈何，否則永遠都無法對別人說「不」。

這種程度的「無可奈何」，是每個人都必須經歷的。

面對各種變化時，人將會產生壓力。就像以為對方會接受請託，卻遭到拒絕，這就是一種需要調整情緒的「變化」。

當然，對於事情不如預期時所感到的不快，以及需要多久才能做好心情上的調整，每個人都不一樣，這時只需要尊重對方就好，不必因為對方露出不高興的表情而感到介意。

只要想著「對方是因為被拒絕了，所以在努力適應這個變化」，就不會被「對方露出不高興的表情」傷害到，也能抱著更溫柔寬容的心。

安心處方箋

拒絕之前，先說明自己的狀況。

CHAPTER 5

預防「習慣性焦慮」的生活習慣

重新審視生活習慣，阻止焦慮情緒持續惡化！

我們平常以什麼方式過日子，
與焦慮的情緒有關。
不好的生活習慣將會讓自己
承擔越來越多的壓力，
導致身心都出問題。

1 如何預防「習慣性焦慮」？

到目前為止，已經彙整了許多可以解決「習慣性焦慮」的思考方式。

因此，本章要探討如何預防「習慣性焦慮」，不讓它繼續惡化，並且慢慢好轉的方法。

關鍵是「日常生活」。我們平常以什麼方式過日子，與焦慮的情緒有關。

在這個意義上，「習慣性焦慮」也可以說是一種「生活習慣病」。

當然，它不是醫學意義上的「生活習慣病」，而是指「生活習慣在某種情況下，會大大影響人生的品質」。不好的生活習慣將導致憂鬱症等心理疾病，如果長時間透過「窮忙濾鏡」去看待事情，只會讓自己承擔越來越多的壓力，導致身心都出問題。

那麼，什麼樣的生活習慣才不會導致「習慣性焦慮」？或是在變得更嚴重之前，如何讓自己回到正常的軌道呢？一起來看看下面的案例。

例

每天都要加班，連假日也得出勤，一起床就是趕著去公司。衣服總是皺巴巴，也好久沒去美容院整理一下。三餐吃的不是外食，就是便利商店的難吃便當，累得連跟朋友見面或出門的力氣都沒有……

這已經完全是「習慣性焦慮」的症狀，同時也證明了「生活習慣」與「習慣性焦慮」之間的關係。事實上，擺脫「習慣性焦慮」的重點之一，就是「不要讓外在看起來缺乏餘裕」。

擺脫「習慣性焦慮」的習慣① 改變外在

「改變外在」包括穿著打扮、態度、飲食及運動習慣等各方面。

仔細看前面的例子，就是「沒有餘裕的外在」。

當然，「習慣性焦慮」是內心的問題。但是，如同內心反映在外表上，外在也會影響我們的內心。

所以，首先讓自己的外在「看起來有餘裕」，也是一個很有效的方法。

安心處方箋

當外在看起來有餘裕，內在的焦慮也會消失。

2 避免「看起來沒有餘裕的外在」

或許有人會覺得「重視外在」非常虛榮，事實上並非如此。若陷入焦慮，有人會滿頭亂髮，不知所措地喊著「完蛋了」；有人卻能在極為焦慮的狀況中，保持鎮定的態度。後者不只是給周遭的人一種「看起來很有餘裕」的印象而已，事實上，他們的確十分游刃有餘。

因為，人也會被「自己帶來的氛圍」所感染。

當自己滿頭亂髮，並歇斯底里地大喊「完蛋了」，將會受到那種氣氛的感染，進而感到更「忙亂不堪」，加重「窮忙濾鏡」的影響。

相反地，如果在極為焦慮的狀況中，仍能保持冷靜，自己也會被游刃有餘的氣氛影響，不僅能夠放鬆下來，還能減輕「窮忙濾鏡」的干擾。

事實上，一旦決定「不管再急迫，也要讓自己看起來游刃有餘」，就能避免陷入「這個必須做，那個也必須做」、「這個沒完成，那個也沒完成」

的狀態。

擺脫「習慣性焦慮」的習慣②　不要對外展現「焦慮」的情緒

游刃有餘的態度能讓自己稍微喘一口氣，增加一點放鬆的時間。等到情緒恢復正常，再重新振作，將注意力集中到下一個「當下」。

就算自己再焦慮，也沒有必要讓別人受到這種情緒的影響。

況且，總是處在焦慮的狀態中，很可能會損害人際關係。

這是因為，「習慣性焦慮」的不安，很有可能會影響到對方。

這也是為什麼「與焦慮的人相處，會感到疲累」的原因。再加上「習慣性焦慮」的人，經常會因為「這麼要緊的時候還找麻煩」、「都這麼忙了還這樣」而遷怒對方，如果不斷發生這種情況，便會讓身邊的人敬而遠之。

即使無法對抗「不逼迫自己就會來不及」的想法，至少在人前也要表現出游刃有餘的姿態，這麼一來，或許就能找到「擺脫習慣性焦慮」的契機，從而慢慢地培養出游刃有餘的方式。

另外，如果你認為「在忙翻天的時候去美容院，會給人『浪費時間』的感覺」，就大錯特錯了。

若是去美容院之後，可以讓外表變得「乾淨整齊」，並讓自己感到滿足，整體的感覺也會跟著提升。當然，這不表示「大家都應該這麼做」。

同樣是去美容院整理自己，卻有兩種不一樣的心態，一種是覺得「應該跟上流行」；一種是基於美的意識，「想要」保持外表的整潔。後者在看到鏡子裡的自己時，滿足度會更高，同時具有讓「習慣性焦慮」歸零的效果。

再者，也會給周遭的人帶來「乾淨整齊」、「游刃有餘」的印象。

不要被「這個必須做，那個也必須做」、「這個沒完成，那個也沒完成」的思緒干擾，只要能稍微平復心情，整理一下自己，就是件值得的事。

安心處方箋

維持外表的整潔，就會有正面的心情。

3 重視自己的身心健康

攝取對身體有益的食物、多運動，對於擺脫「習慣性焦慮」都很有幫助。因此，無論再忙碌，也要留下恢復身心的時間。

擺脫「習慣性焦慮」的習慣③　注意健康

在飲食上，即使沒有時間自己動手做，只能外食或叫外賣，也要定下幾天吃「高級食材」的日子。

感覺「自己值得被好好對待」，也是一件很重要的事。

其實，這也算是一種「調整節奏」的方式。

陷入嚴重的「習慣性焦慮」時，只會在忙碌工作之餘，用超商的便當打發自己。因此，若能特意「留出」一段可以享受美食的「用餐時間」，就可以終止「這個必須做，那個也必須做」、「這個沒完成，那個也沒完成」的感覺。

因為在這段時間裡，所有的注意力都只需要專注在「美味的食物」上。

雖然，還是有忙得翻天覆地、必須一邊工作一邊解決三餐的時候，這樣的話也沒辦法，不過重要的是，不要讓它變成習以為常的狀況。

因此，「如何調整節奏」是相當重要的事情。

若是「一邊工作一邊解決三餐」的狀況變成習慣，就很有可能加重「習慣性焦慮」的問題。因此，除非是真的非常忙碌，否則最好還是要留出好好用餐的時間。

若想要讓自己重視飲食的價值，可以試著思考「還有幾年可以活」。只要計算出大約的年限，便會知道自己還剩下多少用餐的次數。隨著時間流逝，「貴重的一餐」將會越來越少，如果只用「難吃的食物」隨便打發掉，實在太可惜了。

像這樣從「有限」的角度去看待自己的生命，就能清楚地了解——一直被「習慣性焦慮」操控的人生，是多麼地空虛。

「習慣性焦慮」會說服我們「現在不是花時間吃東西的時候」，但是，吃美味的食物不僅僅是為了讓自己快樂，同時也是對自己的重要投資。所以，沒有必要讓「習慣性焦慮」奪走人生的樂趣。

例

因為工作太忙，所以沒時間去看醫生。最近胸口一直感到疼痛，如果身體出現什麼不可挽回的問題，那全是公司害的，一想到這個就滿心憤怒。

從這個地方，也能看出「習慣性焦慮」如何讓我們虧待自己。當然，無論原因是什麼，最重要的還是自己的生命。因此，如果真的擔心自己的健康，就應該將它放在最優先的順序。

例子中的人之所以「滿心憤怒」，大多是源自於「受害者意識」。

因為「習慣性焦慮」而虧待自己，就是讓自己變成受害者，所以產生

「都是公司害的」這種受害者意識。

因此，當我們感到憤怒，便是需要拿回主導權的時候了。

請務必向公司報備自己「胸口一直感到疼痛」，並盡快挪出時間去看醫生。如果一個職場連這種事都不允許，最好認真思考是否要繼續待下去。只是，大多數人待的公司雖然沒有那麼誇張，卻也很難表現出「以自己的健康為優先」的想法。

的確，透過「窮忙濾鏡」的角度，會讓自己認為「都忙成這樣了，哪有時間說要以健康為優先」。

然而，越是在這種時候，就越需要調整節奏，往後的人生才能繼續努力，並且擺脫「窮忙濾鏡」的影響。

安心處方箋

以自己的健康為優先，拿回主導權。

4 重視內心的「餘裕」及「秩序」

良好的生活習慣格外地重要，它們將會建立起生活的節奏，支撐身心的健康。

如果滿腦子都是「這個必須做，那個也必須做」、「這個沒完成，那個也沒完成」，就會產生消極的想法——現在不是在乎生活習慣的時候——讓原本良好的習慣全部亂掉。

因此，「維持良好的習慣」是很重要的一件事。

它們可以預防不必要的不安及焦慮，並讓我們更容易重建自己的生活。

所以，在每天的重要時刻裡，培養幾個能夠「擺脫習慣性焦慮」的習慣，會非常有效果。

擺脫「習慣性焦慮」的習慣④ 早上冥想十分鐘

可以的話，早上盡量提早十分鐘起床，給自己一段冥想的時間，讓「一天可以從平靜開始」，這會非常有效果。

如果是以「這個必須做，那個也必須做」、「這個沒完成，那個也沒完成」的焦慮情緒迎接一天，一起床就會被「應該做什麼」的想法佔據，被沉重的壓力壓得喘不過氣。

一天的開始，是決定當天步調的重要關鍵。

只要十分鐘就好，給自己一段與「應該做什麼」無關的平靜時光，就能大大地避免不安及焦慮的情緒。

擺脫「習慣性焦慮」的習慣⑤ 留出下午茶時間

此外，在一天當中，也要培養消除「習慣性焦慮」的重點習慣：

1用餐時，盡可能忘記一切，優雅地用餐。

2一定要找時間運動。

3 一定要為自己的興趣留出時間。

如果沒辦法挪出那麼長的時間，那麼，至少先從「留出下午茶的時間，並在那段時間裡完全放鬆」開始。

另外，這裡說的「習慣」，都必須是可以消除「習慣性焦慮」的習慣，也就是能讓自己的心情平靜、讓頭腦鎮定的習慣。

比如說「讀新聞」，要是帶著「如果不知道世界發生什麼事，就無法和同事們搭腔」的急切心情，那就是基於「應該」的行動，只會讓「習慣性焦慮」惡化而已。

相反地，如果「讀新聞」是特意挪出來「放鬆」的時間，並且是依自己的興趣慢慢閱讀，那麼，它就具有消除「習慣性焦慮」的效果。

另外，擔心鬆懈下來會很難保持積極性的人，可以回頭參考第二章提過的內容。

事實上，稍微放鬆可以有效地恢復集中力，如果休息過後沒有恢復，那就代表自己正處在不安或疲憊的狀況中。

安心處方箋

留出一段恢復身心的時間，並讓自己感到放鬆。

5 做事不要「隨便」

一旦忙碌起來，做事就會變得隨便。桌面亂七八糟，工作及人際關係變得草率，外在打扮也開始隨便了起來。接著，這種「隨便」，就會讓「習慣性焦慮」更加惡化。

因為，「隨便」很難讓人獲得成就感。

無論做什麼事，只要有「隨便」的心態，就會感覺自己是「半途而廢」，加深「這個必須做，那個也必須做」、「這個沒完成，那個也沒完成」的焦慮。

相反地，細心地處理一件事，除了可以獲得成就感，也能提升自我肯定感，進而變得更有餘裕。

比較容易理解的例子，就是「每次用完東西都放回原位」。

擺脫「習慣性焦慮」的習慣⑥ 用完東西放回原位

這經常用在「時間管理的技巧」，同時也符合「不要隨便」的觀點。

實際上來說，東西用完之後隨便亂放，下次要用時就必須花時間去找出來，再加上亂丟亂放的「雜亂」狀態，更會加深「這個必須做，那個也必須做」、「這個沒完成，那個也沒完成」的感覺。

如果下次要使用時找不到，便會加重「習慣性焦慮」的問題。

當然，細心做事是好的習慣，但其實也不必要求自己「每一件事都要很細心」，最重要的還是「調整節奏」。

意思就是說，如果生活整體都很「隨便」，會讓「習慣性焦慮」更加惡化；但是，如果懂得「調整節奏」──刻意讓某些部分「隨便一點」──就有改善「習慣性焦慮」的效果。

擺脫「習慣性焦慮」的重要關鍵之一，就是「主導權」。擁有主導權，依自己的判斷決定「這裡隨便一點就好」，從結果上來說，對於消除「習慣性焦慮」是很有幫助的。

因此，挑重點細心做事，可以說是消除「習慣性焦慮」的良好習慣。

安心處方箋

用完東西不要隨手亂放，必須養成良好的習慣。

6 拿出幹勁卻遇到挫折

「良好的習慣」也能讓我們了解——自己究竟暴露在多高的「習慣性焦慮」風險中。

例

沒有時間幫盆栽澆水。

結果又讓觀葉植物枯死了，好焦慮。

「澆水」只需要花個幾分鐘就能解決，除非發生嚴重的緊急事態，否則，在一般的生活中，應該不可能擠不出這點時間。

會栽種觀葉植物，應該是希望生活能點綴一些綠意，同時放鬆心情吧。幫植物澆水，也是屬於「良好的習慣」。

在澆水時，不會將注意力放在「忙碌」，而是在植物上。

要是連這種「幾分鐘就結束的習慣」都放棄了，只能說自己已經陷入「這個必須做，那個也必須做」、「這個沒完成，那個也沒完成」的狀態中。

如果這時不想辦法轉換心情，並消除這種狀況，就會讓「習慣性焦慮」更加惡化。

若是發現自己忙得忘記澆水，首先做一個深呼吸，再給自己留出澆水的時間，並且在那段時間裡，將注意力集中在觀葉植物上。

僅僅如此，就能減輕不少「這個必須做，那個也必須做」、「這個沒完成，那個也沒完成」的焦慮感。不過，明明澆水只需要幾分鐘而已，為什麼會覺得自己「連這點時間」都沒有呢？

這當然是因為「窮忙濾鏡」的關係。

透過「窮忙濾鏡」，我們看到的不只有短短幾分鐘的澆水而已，還包括其他沒做完的事情，所以才會感覺「沒有那個時間」。

因此，感覺「沒有時間澆水」的人，其實就是陷入了「習慣性焦慮」。

安心處方箋

良好的生活習慣，是偵測「習慣性焦慮」的指標。

7 「設定高標準」的想法是錯的

前面提到，人類是有侷限性的生物，同時也說明如果不接受「自己有侷限性」這個現實，就會加重「習慣性焦慮」的問題。理解這一點，就可以藉由「降低標準」的方式，來預防「習慣性焦慮」。

擺脫「習慣性焦慮」的習慣⑦ 不要設定太勉強的目標

如果沒有認清自己有「侷限性」，就會對自己抱著「應該可以做得更好」的錯誤心態，進而陷入「這個必須做，那個也必須做」、「這個沒完成，那個也沒完成」的狀況。相反地，如果「降低自己的標準」，就能完成許多目標，並獲得成就感，同時也讓生活變得更有餘裕。

而那些餘裕，可以使我們有能力去挑戰更高的標準。

比起將標準定得太高，讓自己陷入「這個必須做，那個也必須做」、「這個沒完成，那個也沒完成」等無意義的思考，「降低標準」反而能完成更多的結果。當自己不需要消耗能量在「無意義的思考」上，便不會影響集中力，進而游刃有餘地處理事情。若能從中獲得成就感，自然更容易專注於「當下」。

因此，與其定下「勉強能夠達到」的標準，還不如先設定較低的目標，對自己更有幫助。

以結果來說，或許能得到比「勉強的標準」更好的成果。

此外，依據人生的階段，有時也需要將標準定得比平常低。比如說，需要同時兼顧育兒及上班，需要同時照顧父母及工作等等，這些時候可以將標準設為「只要努力度過每一天」就好，不要有「完美主義」的想法。

這個時期請試著別考慮進修或提升自己，只要努力度過每一天就好，要讓自己明白「已經盡力了」，並從中得到肯定。

如果有空閒的時間，一定要用在「轉換心情」，或是消除「習慣性焦慮」的事情上。

「窮忙濾鏡」很可能會讓我們對「空閒的時間」產生「習慣性焦慮」，特別是必須兼顧育兒、照顧父母及工作的時期，經常會認為自己在工作上「不夠盡力」，所以需要特別注意。

當然，這並不代表空閒的時間，絕對不能處理工作的事情。如果「處理工作」可以讓自己從育兒、照顧父母的疲累中重新轉換心情，自然就沒問題。

即使不一定有成果，但至少能讓自己認為「除了育兒及照顧父母之外，也擁有個人的時間」。

安心處方箋

減少對自己的要求，降低標準吧。

8 心情煩悶，什麼都不想做

例

總是花很多時間在煩惱、挫折及迷惘，明明什麼事都沒做，卻一直覺得時間不夠，不斷處在焦慮中。

工作失敗的時候，總是想著「不是我的錯，是上司的指令有問題」，花很多時間沉溺在憤恨之中。今天也因為一直想著「無法原諒〇〇前輩的態度」，什麼事都沒做就下班了。

想必很多人都有過這樣的經驗，在負面情緒的影響下，讓時間白白流逝，又因為「一事無成」而陷入焦慮。確實，如果這種沉溺於負面情緒的時間能縮短就好了。

像後面的例子，如果對〇〇前輩的態度感到很不高興，只要讓「受害」的感覺停留在「當下不高興」的程度就好。

如果之後還不斷沉溺在這種情緒裡，受害的感覺只會越滾越大。沒有必要為了自己不喜歡的〇〇前輩，浪費人生寶貴的時間。

一般而言，當我們「不斷反覆糾結某件事」時，腦中會呈現何種狀態？

大部分的時候，都是不停地思考「自己不對」還是「對方不好」吧？也就是說，正在拚命打消「錯的也許是自己」的可能性。

唯一可以確定的是——無論工作失敗，或是前輩對自己的態度很糟，最終自己都「遇到了糟糕的事情」。不管是誰的錯，「碰到糟糕的事」是不爭的事實，所以首先需要「安慰自己」。

擺脫「習慣性焦慮」的習慣⑧ 專注於因憤怒而受傷的自己

想通了這一點，就很容易重新恢復情緒。許多遲遲無法恢復情緒，甚至開始鑽牛角尖、不斷地想著「到底是誰的錯」的人，通常都是因為無法承認自己遇到了很糟糕的事。

安心處方箋

無法擺脫負面情緒時，先安慰自己。

9 這些「防焦慮對策」真的有效嗎？

例

因為不太會管理時間，做事總是手忙腳亂，所以就試著使用手帳來規劃時程表。但就算再努力嘗試，也因為太過忙碌，幾乎無法按照手帳的安排執行，還經常被沒必要寫進手帳裡的雜事（像是拿送洗的衣服、購買洗髮精等等）佔去時間，所以十分焦慮。

擺脫「習慣性焦慮」的習慣⑨ 在時間表上安排「療癒自己的時間」

近來很流行「手帳術」，許多人以為懂得利用手帳術，就能讓自己變得更有效率，減輕忙碌的程度，但事實上卻不一定如此。

特別是這個例子，手帳不但沒有幫上忙，反而因為寫在手帳上便滿足了，之後失去執行的動力——完全就只是紙上談兵。

但是，手帳作為「防焦慮對策」其實是很有效的。

手帳最有用的價值，就是當作備忘錄。

大多數「忙不過來」的急迫感，都是「害怕自己忘了做某些事」。

有些人可能平常就一直為此焦慮，有些人則是因為曾在現實中發生過這樣的事，受到衝擊後就特別擔心「是不是有什麼事忘了做」。

手帳能幫忙解決「健忘」的問題。

如果每件事都只靠記憶力，那麼，不完美的大腦一定會出現「失誤」，一旦發生過一次重大「失誤」，便會受到衝擊，之後則不斷焦慮「是不是有什麼事忘了做」，讓自己陷入「這個必須做，那個也必須做」、「這個沒完成，那個也沒完成」的狀況。

因此，原本例子裡說的「沒必要寫進手帳裡的雜事」，才是真正應該寫進去的事。

擺脫「習慣性焦慮」的手帳活用法，就是特意將「療癒自己的時間」安排在時間表裡。

大多數人都抱著「現在先努力工作，等有空就能做自己的事」的想法，但實際上往往不會這麼順利。只要「窮忙濾鏡」一直在影響自己的生活，「空閒」的時刻永遠不會到來。

所以，最好的方式就是先將「療癒自己的時間」放進時程表裡，接著，就像處理其他重要事項一樣，認真地執行。

許多人一旦感覺「忙不過來」，就會犧牲「療癒自己的時間」。

但是，這種狀況十分不重視自己，也完全忽視了人的侷限性。

如果是與他人相關，或許不能隨便忽視已經安排好的計畫，但是，因為我們很容易忽視自己的感覺，而略過重要的「療癒自己的時間」。

安心處方箋

使用手帳就不用擔心「健忘」。

10 找到符合現實的「方式」

例

因為非常忙碌，所以很久沒有回老家了。自從父親過世之後，母親就獨自在鄉下生活。想到自己把她一個人丟在那裡，心裡便愧疚了起來，又因為無法改變現狀而感到焦慮。但是，考慮到工作和生活，也只能先將母親的事放在一旁，對於這樣無力的自己，真的感到很生氣。

就像這樣，當自己做不到真正想做的事情時，「無力感」便會充斥在腦海裡，讓自己感到非常焦慮。如果稍微勉強一下就能回家的話，當然還是回去一趟最好。

若忙得連回去一趟都做不到，就需要努力讓自己「接受現實」。

如果接受了「現在的生活導致無法頻繁地回老家」這個事實，就能進一步思考如何在這樣的情況下，讓母親可以時刻感受到他的「關心」。像是經常打電話，或是寄東西回去……等等，都是不錯的方法。

擺脫「習慣性焦慮」的習慣⑩ 嘗試其他方式

當回家這個「方式」無法實現，就嘗試其他的方式吧。不要讓完美主義影響自己，只需要思考如何「盡力」，抱著「將心意傳達給對方」的念頭，就能想出各種更好的方式。

安心處方箋

試著思考理想之外的「方式」。

CHAPTER 6

不焦慮的人的「時間術」

越積極就越焦慮，適時地休息吧！

零碎時間本來可以讓自己放鬆，
但因為窮忙濾鏡的影響，
反而失去寶貴的休息時間。
與其這樣，
不如完全不去思考「該怎麼利用零碎時間」。

1 擺脫「只要這個工作結束」的循環

「想做的事無法做，一直感到很焦慮……」許多人應該都處在這種情況。在本書的最後，要帶大家思考「該如何擺脫焦慮」，並按照自己的步調，實現過去一直想做的事。

只要懂得運用前面提到的技巧，就有很大的機會能完成自己想做的事。因此，本章除了要帶大家複習過去的技巧，同時也進行最後的統整。

當自己被「必須要做的事」緊追在後時，心裡大多會抱著這些念頭：

「只要這個工作結束，有空閒的時間，就能去做自己想做的事。」

「只要這個工作結束，就能放鬆了。」

但事實上，即使「這個工作」完成了，絕大多數的人也沒辦法在精神上完全放鬆。

迄今為止，許多人都是在「只要這個工作結束，就能擁有自己的時間」

的想法中，度過大半的人生。

但現實的狀況是——只要這件事結束了，下一件事便會馬上出現，接著，永無止境地等待「這個工作結束」。與其說這是「太多事應該做」，倒不如說是因為「窮忙濾鏡」的影響，讓所有事都變成「應該做的事」。

其實，「只要這個工作結束，就能……」的想法，是一個「摘下窮忙濾鏡」的期望，但為什麼始終無法實現呢？

真正壓迫自己的並不是工作，而是「這個必須做，那個也必須做」、「這個沒完成，那個也沒完成」的感覺。那麼，真的必須等到「這個工作結束」，才能去做真正想做的事嗎？

本書各章節都曾經提過——只要不是太過艱難的事，其實隨時都可以挪出時間（就像不管是誰都能擠出時間去上廁所一樣）。

然而，一旦受到「窮忙濾鏡」的影響，就會讓人覺得那是「絕對不可能做到的事」。

當我們抱著這種感覺，並完成一個工作之後，「這個必須做，那個也必須做」、「這個沒完成，那個也沒完成」的急迫感，將會使目光立刻放到下一個工作，最後陷入永無止境的惡性循環。因此，假設還抱著「只要這個工作結束，就能擁有自己的時間」的想法，就永遠不可能擁有自己的時間。

安心處方箋

「只要這個工作結束，就可以……」的想法，完全是一種錯覺。

2 從今天開始「留一點時間給自己」

即使想著「只要這個工作結束，就可以……」，結果還是一事無成，每天處在焦慮中。

那麼，我們到底能做什麼呢？

那就是「從今天開始，留一點時間給自己」。

擺脫「習慣性焦慮」的習慣⑪ 今天，留一點時間給自己

一開始就算只有五分鐘也沒關係，讓自己從「這個必須做，那個也必須做」、「這個沒完成，那個也沒完成」的壓力中完全解放，擁有一段「療癒自己的時間」。

重點不是時間長短，而是「完全」解放自己的狀態。換句話說，「質」

比「量」更重要。

前面提過，為了能「調整節奏」，時間的「區隔」很重要。

在「留一點時間給自己」這個觀點上，也完全一樣。

在被「習慣性焦慮」支配的時間裡，「區隔」出一段「自己的時間」；不是等眼前的工作結束，而是要從「今天」開始。

這段「區隔」出來的時間是神聖的。

絕對不能讓它被「這個必須做，那個也必須做」、「這個沒完成，那個也沒完成」的壓力干擾，必須要抱持著堅定的態度。

可以的話，盡量將這段時間安排在起床後或就寢前，讓每一天都從「自己想做的事情」開始，再從「自己想做的事情」結束，生活的質量大大地提升，睡眠品質也會跟著變好。

只要給自己每天五分鐘的時間，養成習慣之後，它帶來的影響是非常巨大的。

也可以將日常的零碎時間，「區隔」成「自己的時間」。在這段時間裡，想做什麼都可以。

舉例來說，就算是發呆也沒關係，那具有冥想的效果，也可以讓頭腦鎮靜下來。

這與在「壓迫」下停止思考的狀況不同，發呆時可以將注意力集中在自己的呼吸，試著慢慢地吸氣、吐氣，讓頭腦變得清醒。如果有其他想做的事，當然也可以去做。

或許有人會認為：「只有短短五分鐘，怎麼可能想做什麼就做什麼」，雖然事實上也的確如此，但「習慣性焦慮」對許多人而言，是很難馬上改善的狀況，所以必須「長期」努力。

為此，我們需要一步步地慢慢改變。

如果一下子改變太大，會讓人產生「不可能做得到」的抗拒；但如果是慢慢地改變，就能產生「或許可以做得到」的動力。

對於「想做的事」，也可以應用這種思考方式。

如果執著於等待「一段完整的時間」，可能到了人生的終點都還等不到。若夢想是「攀上聖母峰」，那或許真的需要一段完整的時間，然而，多數人的夢想應該都沒有這麼遠大。

即使是想要攀上聖母峰，也可以利用每天五分鐘去思考路程會遇到的狀況，或是調查登山的資料。

那麼，自己的夢想就可以「從今天開始實現」了。

抓到關鍵了嗎？就是「一步步」地改變。

首先，一步步地將自己的時間做出「區隔」吧！

話雖這麼說每個人都想在時間上做出「區隔」，留給自己一點時間，但實際上卻總是難以做到。

例

一直想要寫小說，卻遲遲無法實現，感到很焦慮。總是因為雜事太多，挪不出時間提筆寫作，也有好幾次，試著想寫一些東西，卻因為工作十分忙碌，寫到一半就停筆……中斷一陣子後，原本的熱情也因此消退，最後每一篇文章都半途而廢，不曾投稿參加任何文學獎比賽。

類似這個例子，許多人經常以工作繁忙為由，讓好不容易開始的努力半途而廢。

稍有餘力時，會產生「試試看」的動力；一旦忙起來，就馬上把事情丟到一邊。

如同一百六十二頁所說，當自己不斷被「習慣性焦慮」影響，將導致良好的習慣全部荒廢，這就是實際發生的狀況。

所以，當自己無法保持良好的習慣時，就需要特別注意是否被「習慣性焦慮」影響了。

當然，忙碌時較無法長時間培養習慣。即便如此，也不需要讓培養到一半的習慣直接歸零，就算簡化成短短五分鐘也沒關係，請不要完全停擺。

一旦完全歸零，只會產生強烈的消極意識——「又失敗了」、「反正就是做不到」——因此，就算只有五分鐘，若能保有自己的時間，就能產生「我持續做到了」的成就感。

在進行想做的事情時，要像橡皮筋一樣彈性地利用時間。

重點在於「持續」，以及懂得「區隔」時間。只要懂得「區隔」，不管時間再短，都能讓希望的火苗不斷燃起。

此外，我們也常聽到「時間是靠自己擠出來的，『沒有時間』都是藉口」這樣的說法，不過，如果真的非常忙碌，對於能力上有「侷限性」的人類來說，不可能再「擠出時間」。

此外，如同九十五頁所提過的：人生中有一些階段，需要把注意力完全集中在「某件事情」上。如果固執地認為不管什麼時候都一定能「擠出時間」，只會變成自我折磨，產生「擠不出時間是因為太無能」的想法。

因此，「彈性思考」非常重要。

不管何種狀況都需要彈性思考，同時不要忘記做出時間的「區隔」。

安心處方箋

區隔出可以放鬆的短時間，並努力持續下去吧。

3 在「區隔的時間」內結束

例

雖然很想做自己喜歡的事，但一直找不到機會開始，因此非常焦慮。學習爵士鋼琴是我的夢想，不過，一想到每週都必須練熟規定的曲子、記住和弦，就覺得很麻煩。

前面曾經提過——開始嘗試新事物的關鍵，就是要將執行它的時間「區隔」出來。

比如說，預約爵士鋼琴的課程，這就是非常有用的「區隔方式」。然而，即使確定了上課時間，一旦突然開始忙碌，還是會覺得不堪負荷。

這個時候，「在區隔時間內結束」的思考方式就會十分有用。

以爵士鋼琴為生活重心的人（像是鋼琴老師），通常會要求你「沒課時也要確保練習時間足夠」，但如果把標準訂得那麼高，就永遠都不可能開始練習。

因此，可以向老師說明自己的忙碌狀況，並表達學習爵士鋼琴的熱情——雖然無法用理想的方式學習，但無論如何，都希望老師能給自己接觸爵士鋼琴的機會——請老師允許自己在上課時間做基礎的練習。

雖然可能進步得很慢，但是比起完全沒開始好多了。

比起一直焦慮「沒做到想做的事」，至少像這樣從「最低限度」的地方開始，可以擴展更多的可能性。

由於精神上的負擔減少了，一旦有餘裕，就能做更多的嘗試。例如：

「今天比較早回家，來複習一下和弦吧！」

「明天早上出門前，再多練習三次吧！」

這只有在我們實現「最低限度」後才辦得到；如果連「最低限度」都無法做到，其他就更不用說了。

安心處方箋

先讓「最低限度」上軌道，才能完成想做的事。

4 不要把零碎時間填滿

近年來十分流行「自我提升」，因此出現了各式各樣的「時間活用法」。只會在零碎時間發呆的人全是「失敗組」，懂得利用各種空閒時間的人才是「勝利組」……越來越多人認同這種思考方式。

「習慣性焦慮」的人之所以越來越多，和這種思考方式的影響有關。四十四頁曾經討論過「持續性」及「效率性」的重要。

人畢竟是生物，需要休息。

懂得「調整節奏」，該盡力的時候拿出全力，該休息的時候徹底休息，如果做不到這一點，無論是「持續性」或「效率性」都會出現問題。

其實，「零碎時間」在某種意義上也可以用來幫助調整節奏。

舉例來說，通勤時間看起來有點浪費，但是可以藉此讓頭腦休息，好好應對下一個計畫。

如果連通勤時間都塞滿了工作，就很難調整節奏，「習慣性焦慮」也會因此加劇。

當然，這並不代表零碎時間不能工作。

從更廣的層面來看，利用零碎時間工作，或許可以調整整體的節奏。

也就是說，利用通勤時間將工作處理好，就可以不必加班，也能確保自己的個人時間。

不過，應該利用零碎時間工作？或者停下工作讓頭腦休息？

哪一種方式比較好呢？

這要看自己是不是透過「窮忙濾鏡」來看待零碎的時間。

經常戴著「這個必須做，那個也必須做」、「這個沒完成，那個也沒完成」這種濾鏡的人，很難在零碎時間擁有主導權。

透過「窮忙濾鏡」來看零碎時間，便會產生下列這些想法：

「必須在五分鐘之內把這個看完。」

「坐電車的時候必須把信件回覆完。」

諸如此類，都變成「被迫」的時間。

但是，如果摘下「窮忙濾鏡」，就會變成：

「趁這段時間處理工作，今天就能早點回家，看喜歡的影集了。」

「很想利用坐車的時間多唸點書，不過，如果想要有座位，就必須早起等車才行。這樣的話，稍微控制晚上的活動時間，盡量早點回家吧。」

「這是寶貴的休息時間，多發發呆來恢復精神吧！」

如此，就能以自己的想法為主。

例

我很喜歡發呆。但是看到其他人都流行去咖啡廳喝飲料、吃美食，或是買各種東西，就覺得有點焦慮……

會產生「自我懷疑」，也是「窮忙濾鏡」的影響。

喜歡發呆也沒什麼不好，若是因為這樣產生焦慮，那就太可惜了。

空閒的時間應該怎麼度過，是每個人的自由。有人喜歡四處吃吃喝喝，有人則喜歡沒事時發發呆。

但是，透過「窮忙濾鏡」去看，就會產生：「不可以發呆」、「必須提高這段時間的生產性」……這樣的強迫觀念。

如果無法做到「強迫觀念」所要求的事，便會開始自責，讓焦慮加劇。

零碎時間本來可以讓自己放鬆，但因為窮忙濾鏡的影響，被用來逼迫、指責自己，而失去寶貴的休息時間。與其這樣，不如完全不去思考「該怎麼利用零碎時間」，說不定比較好。

例

無論是工作或私事都非常忙碌，總是勉強熬過一天，直到早上又從疲憊中醒來。每次坐電車時都在睡覺，根本沒有精力讀書，更不用說利用時間了。是不是自己太缺乏體力及毅力？

坐電車時經常看到有人在閱讀、學習或是回覆信件，但自己太累了根本做不到。早上都在聽音樂，回程就睡覺，完全沒有生產性，覺得自己實在很糟糕。

不應該從「缺乏體力及毅力」，或是「失敗者」的負面角度去思考，如果將「坐電車的時間」當作休息，其實這就是「有效地利用時間」。

事實上，越是忙碌，越需要有意識地「調整節奏」，因此，必須找到讓自己重振精神的方法，就算只是發呆也沒關係。

一旦知道重振精神的方法，就要把那段時間「區隔」出來留給自己。

當時間「區隔」出來後，絕對不能被「這個必須做，那個也必須做」、「這個沒完成，那個也沒完成」的焦慮感給影響，這是很重要的。

因此，「坐電車時補眠」也是一個很好的方法。

帶著輕鬆的心情，告訴自己「平常實在太忙了，就在這裡睡一覺恢復精神吧」。如果興趣是閱讀，坐電車時也能看看書，用這段「區隔」出來的時間好好地放鬆。

安心處方箋

要「主動」區隔出時間，恢復精神。

5 停止「安排」事務

例

明明時間足夠，事情卻總是做不完，每天都非常焦慮。因為自己不懂得「安排」時間——像是去剪頭髮時，可以順便去乾洗店拿衣服，或是去吃午飯時，順便去銀行辦事——所以總是累積了一堆雜事。不過，在工作時又沒這些問題，感覺每天都有很多事要安排，真的很累。

許多人在公司裡能將雜事安排得井井有條（像是準時丟垃圾、保持環境整潔），私底下卻做不到，這種人出乎意料地多。

之所以會如此，是因為「安排」這些雜事，對他們來說也是「工作的一部分」。

「安排」事情，其實需要一定的思考及能量。

因此，在需要繃緊神經的工作場合，做事乾脆俐落，私底下卻總是丟三落四，是很自然的事。對自己而言，工作環境越緊張，私底下就越需要「休息時間」。

如同用零碎時間「調整節奏」是必要的，當人疲累的時候，自然需要停止「安排」，讓自己能夠藉此恢復精神。

從整個人生的「持續性」與「效率性」來看，這是很重要的步驟。

當然，如果計畫「安排得當」，自然能有效節省時間，也不會累積雜事，幫自己賺到許多自由的時間。

私底下的生活，其實並不需要以「效率」為優先。雜事也是生活中的一部分。

如何與這些雜事相處，也是為生活抹上一層特別的色彩。

出門剪頭髮，卻忘了順便去乾洗店拿衣服，對健忘的自己感到好笑；再出門去乾洗店，跟店裡的人笑著說：「剛才剪頭髮時都經過這裡了，卻忘記來拿衣服」等等……這些都是日常生活中平凡卻寶貴的點點滴滴。

仔細想想，如果這個社會要求每個人連「私下的生活」都必須過得井井有條、講求效率，那也太令人窒息了。

安心處方箋

放下「效率」及「安排」，輕鬆地過日子吧。

6 「無用的時間」才能帶來幸福

前面提過，即使事情沒有「安排」好，同樣能讓生活充滿色彩。接下來，我們將更深入地探討「怎麼做才能讓人生更豐富」。

說到底，我們真的希望活在一個只講求效率的人生嗎？當然，如果能夠有效率地完成工作，自由時間也會增加（如果工作本身就是自己的興趣，「自由時間」當然也可以用來工作）。

但是，當我們展望整個人生，「效率」是最關鍵的要素嗎？對於大多數的人來說，答案應該都會是「不」。

許多人會回答，「豐富」及「幸福」才是最重要的。

即使活得再有效率，若感覺不到半點幸福，生活也一點都不精彩，這樣的人生很難讓人從中找到價值。

其實，生活中許多的「無用」及「浪費」，才是讓人生更精彩的要素。

比如說，和家人一起度過無所事事的時光，光從生產性來看，這樣的時間完全就是「浪費」，但卻能讓人生變得無比精彩。

大家想像一下，如果連生活的小事都要求自己必須講求效率、乾脆俐落地處理完畢，整個人的身心狀態就跟工作時沒兩樣，完全沒有放鬆的時刻。

但是，當自己漫不經心地想著「啊啊，剛剛去剪頭髮時，忘記順便去乾洗店拿衣服了」，其實身心都是處在放鬆的狀態。

如果衣服急著要用，也只能帶著「好吧，沒辦法」的無奈心情再出門一趟；如果不急，那就等下次有事出門再去就好。

再說，像「啊啊，又幹傻事了」的這種「小失望」，也是讓人生變得更加豐富的喜怒哀樂。

無論什麼人，都有自己的生活。

快樂的美好人生，就是能良好地兼顧「個人生活」與「社會性生活」。

由於社會性生活中有各式各樣的「立場」，總是會有不一樣的角色和觀點，但是回到個人生活，所有的人都會變回普通人。

舉例來說，不管在外面獲得了多偉大的成就，回到家就是一個普通的

「父親」。

我見識過各式各樣的人生，發現看起來最平凡、最沒有效率的生活，才能保持人類的平衡。

如果工作是以「社會」為中心打轉，那麼，個人生活就是以「自己」為中心打轉。

因為，個人生活不用去考慮「怎麼乾脆俐落地處理事情」，只需要思考「該如何活得更像自己」、「該怎麼讓這段時間成為自己的養分」。

疲累的時候發呆、偶爾忘記順路去拿東西，這些都是很普通的事。如果因此責備自己「沒用」，就代表已經受到「窮忙濾鏡」的影響。

當腦海裡焦慮地想著「這個必須做，那個也必須做」、「這個沒完成，那個也沒完成」時，「忘記順路去拿東西」這種非常沒有效率的事，就會變得不可原諒。但是，我們的個人生活需要「哎呀，這就是人生嘛」，這種一笑而過的餘裕。

這裡稍微換個話題，據說能讓孩子健全成長的社會，其實有很多「無用」及「浪費」的事物，因為人只有在各式各樣的「無用」及「浪費」中，才能變得健康快樂。

如果只執著於「效率」，許多該進步的事物將會停滯不前。

或許這對於成人也是一樣，想讓心靈保持健康快樂，就需要「無用」及「浪費」的事物。從「窮忙濾鏡」的角度看來，它們確實是沒有用處的，但只要摘下「窮忙濾鏡」，就會發現各種精彩人生的要素。

也就是說，想要摘下「窮忙濾鏡」，就要去嘗試更多「無用」及「浪費」的事物。

不要買熟食回家，特意花一點時間親手做菜；或者，還可以大膽一點，挑戰人生首次的微波爐料理。

當自己感覺到「這個必須做，那個也必須做」、「這個沒完成，那個也沒完成」時，或許會覺得「哪來的時間親手做菜」；不過，若能集中精神地做料理，就是專注於「當下」。當然，不需要任何「應該」的想法，用輕鬆簡單的方式做菜就好。

活在「當下」，就是擺脫「窮忙濾鏡」最好的方法，這在前面已經說了很多次。

只有摘下「窮忙濾鏡」，我們的生活才能為心靈供給養分，讓整個人生擁有更好的節奏。

安心處方箋

試著去嘗試更多「無用」及「浪費」的事物吧！

結語

各位能讀到這裡，我真的非常感謝。

由於這是一本專門為「窮忙的人」所寫的書，因此，當大家願意擠出時間閱讀本書，就已經在運用「自己的時間」，並往前跨出了很大一步。

話雖如此，就如同書中反覆提醒的觀點，人類是有侷限性的存在，所以不需要強迫自己一定得徹底消除「習慣性焦慮」。

的確，偶爾也會因為未知的狀況而感到焦慮。但只要明白那種感覺不是真實的，而是因為某個原因觸發了「內心的弱點」，那就足夠了。

順道一提，本書雖然主要是探討「時間所產生的焦慮」，但也能涵蓋整個人生的焦慮。

舉例來說，看到朋友結婚、生子或是出人頭地……等等。就會產生「自己一事無成」的焦慮。

這些都是突然「受到衝擊」所造成的結果（消息總是突如其來），因此讓自己感受到比實際狀況更強烈的情緒。

只要回到日常生活，再藉由本書提過的訣竅——將注意力集中在「當下」——就能消除不少焦慮。

在這個意義上，本書所提出各種「簡單應對」的方法，其實可以直接應用在更廣的焦慮感上。

最後，衷心感謝全力協助本書企畫的堀井紀公子小姐，以及為本書進行了完美編排的御有貴子小姐。

同時，更要感謝親身教導我「再忙碌也能活得游刃有餘，並實現生命價值」的先父。

如果本書能幫助大家獲得「悠遊自在」、「想做什麼就能做什麼」的人生，實在是萬幸！

二〇一八年三月　水島廣子

國家圖書館出版品預行編目資料

給不小心就會太焦慮的你：摘下「窮忙濾鏡」×擺脫「不安迴圈」，找回自己的人生／水島廣子著；楊詠婷譯. -- 初版. -- 臺北市：日月文化，2020.10
224面；14.7×21公分. --（大好時光；36）
譯自：焦りグセがなくなる本
ISBN 978-986-248-918-5（平裝）

1.焦慮 2.心理治療 3.生活指導 4.自我實現

176.527 109013189

大好時光 36

給不小心就會太焦慮的你

摘下「窮忙濾鏡」×擺脫「不安迴圈」，找回自己的人生

焦りグセがなくなる本

作　　者：水島廣子（水島 広子）
譯　　者：楊詠婷
責任編輯：陳玟芯
校　　對：陳玟芯、謝美玲
封面設計：張巖
美術設計：林佩樺

發 行 人：洪祺祥
副總經理：洪偉傑
副總編輯：謝美玲
法律顧問：建大法律事務所
財務顧問：高威會計師事務所
出　　版：日月文化出版股份有限公司
製　　作：大好書屋
地　　址：台北市信義路三段151號8樓
電　　話：(02)2708-5509　傳　　真：(02)2708-6157
客服信箱：service@heliopolis.com.tw
網　　址：www.heliopolis.com.tw
郵撥帳號：19716071 日月文化出版股份有限公司

總 經 銷：聯合發行股份有限公司
電　　話：（02）2917-8022　傳　　真：（02）2915-7212
印　　刷：禾耕彩色印刷事業股份有限公司
初　　版：2020年10月
初版八刷：2020年10月
定　　價：300元
I S B N：978-986-248-918-5

生命，因閱讀而大好